세상을 바꾸는 씨앗

청소년부 워크북

이 책은 조국형·정승아 님의 후원금으로 만들어졌습니다.

세상을 바꾸는 씨앗 청소년부 워크북

기획 · 월드휴먼브리지(대표 김병삼)
지은이 · 김신애(민들레커뮤니티)
감수 · 김성중(장로회신학대학교 기독교 교육과 교수)
일러스트 · 김혜연(@hessedrawing)
초판 발행 · 2022. 08. 03
등록번호 · 제1988-000080호
등록된 곳 · 서울특별시 용산구 서빙고로65길 38
발행처 · 사단법인 두란노서원
영업부 · 2078-3352   FAX 080-749-3705
출판부 · 2078-3331

책 값은 뒤표지에 있습니다.
ISBN 978-89-531-4275-6 04230
ISBN 978-89-531-4276-3 04230(세트)

독자의 의견을 기다립니다.
tpress@duranno.com   http://www.Duranno.com

두란노서원은 바울 사도가 3차 전도여행 때 에베소에서 성령 받은 제자들을 따로 세워 하나님의 말씀
으로 양육하던 장소입니다. 사도행전 19장 8-20절의 정신에 따라 첫째 목회자를 돕는 사역과 평신도
를 훈련시키는 사역, 둘째 세계선교(TIM)와 문서선교(단행본·잡지) 사역, 셋째 예수문화 및 경배와
찬양 사역, 그리고 가정·상담 사역 등을 감당하고 있습니다. 1980년 12월 22일에 창립된 두란노서
원은 주님 오실 때까지 이 사역들을 계속할 것입니다.

자선으로 이루어 가는 하나님 나라

세상을 바꾸는 씨앗

월드휴먼브리지

두란노

예수께서 이르시되

네 마음을 다하고 목숨을 다하고 뜻을 다하여

주 너의 하나님을 사랑하라 하셨으니

이것이 크고 첫째 되는 계명이요

둘째도 그와 같으니

네 이웃을 네 자신같이 사랑하라 하셨으니

이 두 계명이 온 율법과 선지자의 강령이니라

마태복음 22:37-40

'세상을 바꾸는 씨앗'을 꿈꾸며

그리스도인으로서 잘사는 방법은 무엇일까요? 바로 하나님의 뜻을 알고, 삶 속에서 실천하는 것입니다. 그리스도인답게 살아가는 방법에는 여러 가지가 있지만, 그중에서도 이웃 사랑을 빼놓을 수 없습니다. 성경에서 말하는 이웃 사랑은 사회적 약자들을 돌보는 것에 초점이 있습니다. 이러한 정신을 바탕으로 시작된 국제구호개발 NGO 월드휴먼브리지는 교회를 넘어 세상 속에서 소외된 이웃을 섬기는 일을 해 왔습니다.

그동안 월드휴먼브리지의 사역이 국내외의 어려운 이웃을 돕는 것에 집중했다면, 이제는 한 걸음 더 나아가 한국 교회와 한국 사회를 변화시키는 데 집중하려고 합니다. 그것은 바로 자선의 철학을 정립하고, 교육하는 일입니다. 특별히 다음 세대를 대상으로 기독교 자선에 관해 교육하는 것이 매우 중요합니다.

유대인들은 어릴 때부터 이웃 돕는 일을 자연스럽게 배우고 실천하고 있습니다. 이 전통을 '쩨데카'라고 하지요. 부모는 자녀에게 저금통을 선물하며 가난한 사람을 돕는 돈을 모으도록 가르칩니다. 자녀는 자선을 실천하는 부모를 보면서 따라 배우게 됩니다. 이에 비해 우리나라에서는 자선과 기부에 대한 인식과 교육이 미흡합니다. 이는 가정과 교회에서도 크게 다르지 않습니다.

기독교 자선 교육 교재 《세상을 바꾸는 씨앗》은 성경을 바탕으로 자선의 의미와 이유부터 구체적인 실천까지 다루고 있습니다. 어릴 때부터 말씀을 통해 자선과 기부에 관해 배우고 실천하다 보면, 성인이 되어서는 굳이 강조하지 않아도 자연스럽게 실천하게 될 것입니다. 부디 다음 세대가 본 교재를 통해 기부와 자선을 삶의 일부분으로 받아들이게 되기를 간절히 바랍니다. 자선과 기부를 통해 이 땅에서 하나님 나라를 경험하고, 또 경험케 하는 '세상을 바꾸는 씨앗'을 심는 자들이 되기를 축복합니다.

월드휴먼브리지 대표

김병삼

(가나다순)

이웃 사랑은 교회의 부차적인 기능이 아니라 본질적인 사명입니다. 《세상을 바꾸는 씨앗》은 그리스도인의 이웃 사랑을 위한 체계적이고 종합적인 안내서입니다. 이론적인 내용과 함께 구체적인 실천 방안까지 성경에 근거하여 제시하고 있습니다. 우리 자녀들이 성숙하고 균형 잡힌 그리스도인으로, 동시에 한국 사회의 건강한 민주 시민으로 자라가는 데 이 책이 큰 도움을 줄 것입니다. 이 교재가 한국 교회에 널리 사용되기를 바랍니다.

김경진 소망교회 담임목사

아이들에게 가르쳐야 할 중요한 것이 참 많습니다. 저는 그중 하나가 '돈'이라고 생각합니다. 돈이 무엇인지, 왜 중요한지, 그 한계는 무엇이며 어떻게 벌어야 하는지, 어떻게 관리해야 하는지 등등 가르쳐야 할 것들이 얼마나 많은지 모릅니다. 그중에서도 가장 중요한 것은 '어떻게 써야 하는가'입니다. 이를 어려서부터 가르치는 일은 너무나 중요합니다.

그런 의미에서 월드휴먼브리지에서 아이들을 위하여 《세상을 바꾸는 씨앗》이라는 교재를 만들어 출판하게 된 것이 얼마나 감사한지 모릅니다. 이 귀한 책자를 통하여 우리 아이들이 '세상을 바꾸는 씨앗'이 되기를 바라고, '세상의 복이 되는 아이들'로 자라게 되기를 기대합니다.

김동호 목사, 에스겔 선교회 대표

자선을 '특별'하게 생각하는 이들이 많습니다. 그러나 자선은 특별한 것이 아니라 '일상'입니다. 생각보다 어렵지 않고, 우리 가까이에 있습니다. 다만 잘 모를 뿐입니다. 특별히 기독교 자선 공과 교재를 통해 하나님 사랑, 이웃 사랑을 실천하는 자선이 일상에 가깝다는 것을 우리 다음 세대가 알기 원합니다. 그리고 더 나아가 자선을 통해 세상을 변혁할 거룩한 다음 세대가 일어나게 될 것을 기대합니다.

김종원 경산중앙교회 담임목사

세상에는 열매를 거두는 사람이 있고, 씨앗을 뿌리는 사람이 있습니다. 사람들은 열매에 관심을 두곤 하지만, 씨앗을 뿌리는 사람이 많아야 세상은 더욱 행복해집니다. 작고 연약한 씨앗이 어떻게 생명을 살리고 세상을 바꿀 수 있는지를 알아야 하고, 그 방법도 배워야 합니다. 귀한 교재를 통해 다음 세대들이 씨앗을 뿌리며, 세상을 바꾸는 인생으로 자라나길 축복합니다.

안광복 청주상당교회 담임목사

하나님을 향한 사랑은 이웃 사랑으로 드러나야 정상입니다. 예수님은 선한 사마리아인의 비유를 통해 이웃 사랑의 실제를 가르쳐 주셨습니다. 성경은 베풂으로 가득합니다. 그리스도인에게 자선은 선택이 아니라 필수입니다. 지금은 교회 담장을 넘은 사랑의 실천이 필요한 때입니다. 이 교재를 통해 성경적 자선을 일상 속에서 실천함으로써 하나님 나라를 드러내는 그리스도인들이 많이 일어나길 바랍니다.

이규현 수영로교회 담임목사

예수님은 우리에게 새 계명을 주셨는데, 곧 하나님 사랑과 이웃 사랑입니다. 그리스도인은 하나님께 받은 사랑을 교회 담장 밖 이웃과 나누고 선한 영향력을 끼치며 살아야 합니다. 《세상을 바꾸는 씨앗》은 유치부부터 청소년부까지 다음 세대에게 이웃, 특히 약한 사람을 왜, 어떤 태도로 도와야 하며 구체적으로 어떻게 도와야 하는지 성경적인 방법을 알려 줍니다.

어릴 때부터 공동체의 중요성을 가르치고, 타인을 배려하며, 소외된 사람을 섬기는 가치관을 심어 주는 자선 공과 교재가 나와서 너무나 기쁩니다. 선한 그리스도인은 위대해 보이지 않을지라도 예수님을 닮은 귀한 존재입니다. 믿음 안에서 자라는 우리 자녀들이 예수님과 함께 아름다운 씨앗을 심고, 그 씨앗이 열매를 맺어 세상을 풍요롭게 바꾸리라 믿습니다.

이재훈 온누리교회 담임목사

땅에 심긴 씨앗의 가치는 언제 알 수 있을까요? 싹이 움트고 자랄 때는 잘 모릅니다. 하지만 큰 나무가 되고 아름다운 열매를 맺을 때, 비로소 씨앗의 진정한 가치가 나타납니다.

《세상을 바꾸는 씨앗》은 다음 세대 어린이와 청소년들 마음에 자선과 나눔이라는 소중한 씨앗을 심는 책입니다. 모두가 더불어 살아가는 하나님 나라를 만드는 데 밑거름이 되는 책입니다. 《세상을 바꾸는 씨앗》이 믿음의 다음 세대와 그들을 섬기는 모든 이들의 삶 속에 귀한 영향력을 미치리라 소망하며 기쁜 마음으로 추천합니다.

임용택 안양감리교회 담임목사

어릴 때 경험하는 말씀 교육의 중요성은 아무리 강조해도 지나치지 않습니다. 많은 분이 외우고 있는 대부분의 성경 말씀은 주일학교 때 외운 말씀들이 아닐까 싶습니다. 이 교재를 통해 동일한 영향력이 많은 분에게 일어나기를 바랍니다. 어릴 때부터 '하나님 사랑'을 깨닫고 '이웃 사랑'으로 나누는 방법을 배운 아이들이 어른으로 자랄 때까지 계속해서 그 사랑을 실천하여 열매 맺기를 바랍니다. 열매를 맺기 위해서는 씨앗이 심겨야 하는데, 이 교재가 아이들 가슴속에 심어지는 귀한 씨앗이 되기를 바랍니다.

지성업 산성교회 담임목사

기획 의도 및 주제 해설

또 비유를 들어 이르시되 천국은 마치 사람이 자기 밭에 갖다 심은 겨
자씨 한 알 같으니 이는 모든 씨보다 작은 것이로되 자란 후에는 풀
보다 커서 나무가 되매 공중의 새들이 와서 그 가지에 깃들이느니라
(마태복음 13:31-32).

한국 교회의 신뢰도가 급격히 추락함으로써 전도가 힘들어진 시대
에 우리는 기독교인으로 살아가고 있습니다. 이러한 현상의 원인을
내부에서 찾자면 우리가 하나님의 말씀인 성경대로 살지 못했기 때
문일 것입니다. 말씀 안에서의 앎과 삶이 일치하지 않았기 때문입니
다. 즉 아는 대로 실천하며 살지 못했기 때문입니다. 설교를 자주 듣
고 성경을 많이 읽었지만, 아는 대로 살지 못했다는 자기반성이 필요
한 시점입니다.

예수님의 가르침의 핵심은 바로 하나님 사랑과 이웃 사랑입니다.

예수께서 이르시되 네 마음을 다하고 목숨을 다하고 뜻을 다하여 주
너의 하나님을 사랑하라 하셨으니 이것이 크고 첫째 되는 계명이요
둘째도 그와 같으니 네 이웃을 네 자신같이 사랑하라 하셨으니 이 두
계명이 온 율법과 선지자의 강령이니라 (마태복음 22:37-40).

우리는 지성과 감정과 의지로써, 즉 전인격을 다해 하나님을 사랑해야 합니다. 그리고 주변 이웃을 나 자신같이 사랑해야 합니다.

여기서 쓰인 "사랑"은 모두 헬라어 '아가페'를 번역한 것으로, 아가페란 조건 없이 베풀어 주시는 하나님의 무조건적인 사랑을 의미합니다. 하나님은 죄를 가장 미워하시는데, 죄인인 우리를 용서하시고 구원하시기 위해 하나밖에 없는 독생자 예수 그리스도를 십자가의 대속물로 죽게 하셨습니다. 바로 그 하나님의 끝없는 무조건적인 사랑을 우리가 받았습니다. 우리는 그 사랑을 받아 누린 자들입니다.

그런데 더 중요한 것은, 이 아가페의 사랑을 받은 사람은 동일하게 하나님과 이웃을 아가페의 사랑으로 사랑해야 한다는 것입니다. 하나님을 사랑하는 자는 이웃을 사랑하기 마련입니다. 하나님 사랑과 이웃 사랑은 연결되어 있습니다.

사도 요한은 이렇게 말합니다.

> 우리가 사랑함은 그가 먼저 우리를 사랑하셨음이라 누구든지 하나님을 사랑하노라 하고 그 형제를 미워하면 이는 거짓말하는 자니 보는 바 그 형제를 사랑하지 아니하는 자는 보지 못하는 바 하나님을 사랑할 수 없느니라(요한일서 4:19-20).

기독교 신앙은 하나님을 닮는 것입니다. 하나님이 우리를 사랑하셨으니 우리도 하나님을 닮아 사랑하는 삶을 살아야 마땅합니다. 예수님이 제자들의 발을 씻겨 주신 이유가 무엇입니까? 예수님이 본을 보여 주신 것처럼 제자들도 다른 사람의 발을 씻겨 주라는 것입니다 (참조, 요한복음 13:14-15).

우리는 하나님의 아가페 사랑을 받은 만큼 이웃을 사랑으로 품지 못했던 부족한 모습을 반성하고, 이제는 가정과 학교와 직장과 지역사회, 곧 세상에서 하나님의 아가페 사랑을 실천하며 빛과 소금으로 살아야 합니다. 이웃의 범위는 넓지만, 우리가 특별히 관심을 가져야 하는 우선 대상은 바로 사회적 약자입니다. 구약에서 하나님의 관심은 특별히 사회적 약자를 향해 있습니다. 하나님은 그들을 품고 돌보고 실제적인 도움을 주면서 사랑을 베풀라고 말씀하셨습니다.

너희 중에 분깃이나 기업이 없는 레위인과 네 성중에 거류하는 객과 및 고아와 과부들이 와서 먹고 배부르게 하라 그리하면 네 하나님 여호와께서 네 손으로 하는 범사에 네게 복을 주시리라 (신명기 14:29).

예수님은 이 땅에 오셔서 가난하고 소외되고 병들고 힘든 삶을 살았던 사회적 약자들의 친구가 되어 주셨고, 그들의 실제적인 필요를 채워 주시면서 사랑을 베푸셨습니다. 그러므로 우리도 사회적 약자들에게 특별한 관심을 가지고 아가페 사랑을 실천해야 합니다.

도움이 필요한 이웃에게 하나님의 아가페 사랑을 베푸는 구체적인 방법이 바로 '자선'입니다. 안타깝게도 한국 교계에서는 자선이 일회성 이벤트로 치부되고 있습니다. 부활절, 추수감사절, 성탄절과 같은 특별한 절기에 일회적으로 시행되는 경우가 많습니다. 그러나 자선은 이벤트가 아닌 일상이 되어야 합니다.

더욱 안타까운 것은 자선에 대한 교육 커리큘럼이나 프로그램이 전무하기에 일상 속에서 자선이 왜 필요한지, 성경적인 관점에서 자선이 어떤 것인지, 자선을 어떻게 구체적으로 실천할지를 모른다는 것입니다.

그러므로 하나님의 아가페 사랑을 실천하는 삶을 살기 위해서는 자선에 대한 체계적이고 종합적인 교육이 필요합니다. 이 교육은 어릴 때부터 시행해야 효과가 큽니다. "세 살 버릇 여든까지 간다"라는 속담이 있듯이 어릴 때 교육으로 습관화된 실천은 평생 지속되기 마련입니다.

이러한 이유로 한국 교회에서 자라나는 다음 세대에게 기독교 자선이 무엇이며, 어떤 태도와 방법으로 실천해야 하는지를 구체적으로 가르치고 안내하기 위해 본 교재를 기획했습니다.

본 교재의 특징은 다음과 같습니다.

첫째, 기독교 자선의 배경으로 하나님 사랑과 이웃 사랑을 제시합니다.

둘째, 이웃 사랑의 범위는 세상 모든 사람으로 확장해야 한다고 가르칩니다.

셋째, 도움이 필요한 이웃을 돕기 위해서는 무엇보다도 주님께 감사하는 태도와 넉넉한 배려심이 필요함을 가르칩니다.

넷째, 자선의 방법은 물질 기부와 재능 기부로 나누어 소개합니다.

마지막으로, 기독교인의 자선은 삶 자체로, 끝까지 완수해야 하는 사명임을 가르칩니다.

예수님은 "천국은 마치 사람이 자기 밭에 갖다 심은 겨자씨 한 알"(마태복음 13:31)과 같다고 말씀하셨습니다. 겨자씨는 아주 작은 씨앗입니다. 그러나 큰 생명을 품고 있습니다. 그래서 겨자씨가 "자란 후에는 풀보다 커서 나무가 되매 공중의 새들이 와서 그 가지에"(마태복음 13:32) 깃들게 되고, 나무는 또 다른 열매, 즉 씨앗을 맺습니다. 이처럼 한 사람이 누군가에게 자선을 베풀면, 그 사람이 또 다른 누군가에게 자선을 베풀게 될 것입니다.

자선은 "세상을 바꾸는 행복한 씨앗"입니다. 자선이란 고통과 아픔 가운데 있는 누군가의 삶 속에 하나님의 사랑과 위로와 소망을 전하는 고귀한 사명입니다. 그러므로 우리는 자선을 통해 하나님의 뜻을 이루어 가는 삶을 살아갈 수 있습니다. 자선을 행할 때 하나님의 사랑이 가득한 아름다운 세상이 이루어지기를 꿈꿉니다.

구성과 활용 가이드

《세상을 바꾸는 씨앗》 워크북은 공과 시간에 배운 내용을 일상에 적용하여 실천해 보도록 구성되었습니다. 자기 주도 학습을 통해 지식적인 성경 학습을 넘어서 자선에 참여하여 지속적인 변화를 경험하는 청소년 자선가가 되기로 다짐합니다.

한눈에 보는 구성

| Wisdom | 씨앗심기 | 묵상하기 | 럽터뷰 |

| 공과 시간에 | 주중에 |

활용 가이드

 Wisdom

예배 후 소그룹 활동을 통해 지혜로운 실천 방안을 탐색하고, 나눔 질문에 관한 자기 생각을 기록합니다.

씨앗심기

각 과에 맞는 실천 사항들을 구체적으로 제시합니다. 배운 내용을 내 삶에 어떻게 적용할 것인지 정하고, 그 실천 과정을 기록합니다.

묵상하기

주중에 성경 말씀을 한 번 더 묵상하며 또 다른 은혜를 발견합니다. 묵상을 통해 하나님과 교제하고 말씀대로 순종하기로 다짐합니다.

• 본문 읽기	본문을 2~3번 읽으며 눈에 띄는 부분에 밑줄을 긋거나 박스 표시를 합니다.
• 본문 해설	본문을 쉽게 이해하도록 길잡이가 되어 줍니다. 성경 본문을 충분히 읽고 난 다음에 참고하는 것이 묵상 생활에 더 도움이 될 것입니다.
• 하나님은 어떤 분입니까?	본문에 나타나는 하나님은 어떤 분이신지를 생각하며 읽어 봅니다.
• 내게 주시는 교훈	본문에 담겨 있는 교훈(명령, 부탁, 위로, 격려, 약속, 경고 등)을 생각하며 읽어 봅니다.
• 마음에 와닿은 구절	본문을 읽으며 인상 깊은 구절을 필사해 봅니다.
• 하나님이 주신 은혜	묵상하며 받은 은혜와 느낀 점, 혹은 하나님이 주신 마음을 적어 봅니다.
• 전심으로 기도해요	묵상한 내용을 마음에 새기며 기도합니다.

럽터뷰

자선을 실천했던 실존 인물의 가상 인터뷰를 읽으며 도전을 받습니다.

주제 성구   사랑하는 자들아 하나님이 이같이 우리를 사랑하셨은즉 우
리도 서로 사랑하는 것이 마땅하도다 (요한일서 4:11)

성경 본문   요한일서 4장 7-21절

학습 목표   • 하나님 사랑과 이웃 사랑의 연결성을 이해한다.
          • 하나님 사랑과 이웃 사랑이 자선의 출발임을 이해한다.

하나님만 사랑하면 되나요?

여덟 단어로 말해요

Q 선생님이 불러주는 주제어를 듣고 연상되는 단어 여덟 개를 적어 보세요. 친구들과 순서대로 돌아가면서 각자 쓴 단어 중 한 가지를 골라 말하고, 똑같은 단어를 쓴 인원수를 체크해 보세요.

주제어			
❶			
❷			
❸			
❹			
❺			
❻			
❼			
❽			

[나눔] '여덟 단어로 말해요' 활동 후 다음 질문에 관한 내 생각을 적고 나눠 보세요.

1. 아까 적은 여덟 개 단어 중 내가 경험한 하나님의 사랑은 무엇인가요?

_____

_____

2. 하나님을 더욱 깊이 사랑하기 위해 한 주간 실천해 보고 싶은 것은 무엇인가요?

<보기> 큐티하기 / 주중 예배 참석하기 / 성경 N장씩 읽기 / 새벽기도 참석하기 / 성경 필사하기
/ 가정예배 드리기 / 식사 기도하기 / 공부 시작하기 전에 기도하기 / 가요보다 찬양 듣기 / 기타

3. 나의 가까운 주변 사람 중 하나님의 사랑을 전하고 싶은 사람은 누구인가요?

<보기> 부모님 / 형제자매 / 친척 / 옆집 이웃 / 자주 가는 카페 사장님 / 학교 선생님 / 학교 친구
나 선후배 / 학원 선생님 / 학원 친구 / 교회 장기 결석자 친구 / 기타

4. 그 사람에게 하나님의 사랑을 전하기 위해 한 주간 실천하고 싶은 것은 무엇인가요?

<보기> 안부 문자 보내기 / 카톡으로 성경 말씀 보내 주기 / 맛있는 간식 선물로 주기 / 기도 제목
을 묻고 기도해 주기 / 기프티콘 보내 주기 / 도움을 청할 때 거절하지 않기 / 사랑한다고 표현하기
/ 고민 들어주기 / 같이 즐거운 시간 보내기 / 기타

✚ 연관된 단어를 떠올리며 아무 의미 없는 것이 아니라 지금까지 내가 경험한 것에서 비롯되었다는 것을 깨달았을 거예요. 그리고 나에게 '하나님'과 '이웃'은 어떤 의미인지 생각해 보는 계기가 됐을 거예요. 하나님을 사랑하는 마음으로 주변 사람에게 용기 있게 다가가 그분의 따뜻한 사랑을 나눠 보세요.

씨앗심기

사랑을 시작해요

Q 내 마음에 하나님을 모시고, 이웃을 사랑하는 삶으로 하나님의 사랑을 완성해야 해요. 배운 내용을 한 주 동안 실천해 보세요.

1. 하나님을 더욱 깊이 사랑하기 위해 한 주간 실천하고, 요일별로 표시해 보세요.

2. 나와 가까운 주변 사람 중에서 하나님의 사랑을 전하고 싶은 사람의 이름과 그
   이유를 적어 보세요.

이름: _____   이유: _____

3. 위에 적은 사람에게 한 주간 하나님의 사랑을 전하고, 그때마다 내 마음의 표정
   과 상대방의 반응이 어땠는지 표시해 보세요.

내 마음	♥	상대방 반응
☺ ☺ ☹	안부 문자 보내기	☺ ☺ ☹
☺ ☺ ☹	카톡으로 성경 말씀 보내 주기	☺ ☺ ☹
☺ ☺ ☹	맛있는 간식을 준비해 같이 먹기	☺ ☺ ☹
☺ ☺ ☹	기도 제목을 묻고 기도해 주기	☺ ☺ ☹
☺ ☺ ☹	음료 기프티콘 보내 주기	☺ ☺ ☹
☺ ☺ ☹	도움을 청할 때 거절하지 않기	☺ ☺ ☹
☺ ☺ ☹	사랑한다고 표현하기	☺ ☺ ☹
☺ ☺ ☹	고민 들어주기	☺ ☺ ☹
☺ ☺ ☹	같이 즐거운 시간 보내기	☺ ☺ ☹
☺ ☺ ☹	고생했다고 안아 주기	☺ ☺ ☹

사랑이 완성되려면? 요한일서 4장 7-21절

사랑 안에 거하시는 하나님

⁷ 사랑하는 자들아 우리가 서로 사랑하자 사랑은 하나님께 속한 것이니 사랑하
는 자마다 하나님으로부터 나서 하나님을 알고

⁸ 사랑하지 아니하는 자는 하나님을 알지 못하나니 이는 하나님은 사랑이심
이라

⁹ 하나님의 사랑이 우리에게 이렇게 나타난 바 되었으니 하나님이 자기의 독생
자를 세상에 보내심은 그로 말미암아 우리를 살리려 하심이라

¹⁰ 사랑은 여기 있으니 우리가 하나님을 사랑한 것이 아니요 하나님이 우리
를 사랑하사 우리 죄를 속하기 위하여 화목제물로 그 아들을 보내셨음이라

¹¹ 사랑하는 자들아 하나님이 이같이 우리를 사랑하셨은즉 우리도 서로 사랑하
는 것이 마땅하도다

¹² 어느 때나 하나님을 본 사람이 없으되 만일 우리가 서로 사랑하면 하나님이
우리 안에 거하시고 그의 사랑이 우리 안에 온전히 이루어지느니라

¹³ 그의 성령을 우리에게 주시므로 우리가 그 안에 거하고 그가 우리 안에 거하
시는 줄을 아느니라

¹⁴ 아버지가 아들을 세상의 구주로 보내신 것을 우리가 보았고 또 증언하노니

¹⁵ 누구든지 예수를 하나님의 아들이라 시인하면 하나님이 그의 안에 거하시고
그도 하나님 안에 거하느니라

¹⁶ 하나님이 우리를 사랑하시는 사랑을 우리가 알고 믿었노니 하나님은 사랑이시라 사랑 안에 거하는 자는 하나님 안에 거하고 하나님도 그의 안에 거하시느니라

형제를 사랑해야 하는 이유

¹⁷ 이로써 사랑이 우리에게 온전히 이루어진 것은 우리로 심판 날에 담대함을 가지게 하려 함이니 주께서 그러하심과 같이 우리도 이 세상에서 그러하니라

¹⁸ 사랑 안에 두려움이 없고 온전한 사랑이 두려움을 내쫓나니 두려움에는 형벌이 있음이라 두려워하는 자는 사랑 안에서 온전히 이루지 못하였느니라

¹⁹ 우리가 사랑함은 그가 먼저 우리를 사랑하셨음이라

²⁰ 누구든지 하나님을 사랑하노라 하고 그 형제를 미워하면 이는 거짓말하는 자니 보는 바 그 형제를 사랑하지 아니하는 자는 보지 못하는 바 하나님을 사랑할 수 없느니라

²¹ 우리가 이 계명을 주께 받았나니 하나님을 사랑하는 자는 또한 그 형제를 사랑할지니라

_____

_____

♥ 본문 해설

하나님을 볼 수는 없지만, 만날 수 있는 방법이 있습니다. 바로 사랑을 실천하는 것입니다. 그때 하나님은 우리 안에 거하십니다. 우리는 성령님을 통해 그것을 알 수 있습니다. 예수 그리스도를 닮은 사람은 지식과 덕망을 가진 사람이 아니라, 더 깊고 넓은 사랑을 가진 사람입니다. 하나님의 사랑은 깊은 신뢰가 있는 사랑입니다. 그 사랑에는 죄책감과 두려움이 자리 잡을 틈이 없습니다. 반면, 하나님을 사랑한다고 하면서 형제를 미워한다면, 하나님을 향한 사랑이 거짓임을 나타내는 것입니다. 형제를 사랑하지 않는다는 것은 곧 하나님을 사랑하지 않는 것입니다.

♥ 하나님은 어떤 분입니까?

하나님은 우리 안에 거하셔서 서로 사랑하도록 도우시는 분입니다. 그리고 점차 우리가 예수님을 닮아가도록 성장시키십니다. 참사랑을 실천하며 성장한 우리를 통해 하나님은 영광을 받으시고, 또 자신을 드러내십니다.

♥ 내게 주시는 교훈

나는 하나님을 사랑한다고 하면서 정작 주변 사람들에게는 무관심한 태도로 대하지 않나요? 하나님을 향한 사랑은 내 주위에 있는 사람들에게 관심을 기울이고 섬기는 것으로 나타나야 합니다. 내가 사랑을 베풀어야 할 대상을 찾아보고 행동해 보세요.

　세상을 바꾸는 씨앗 청소년부 워크북

· 마음에 와닿은 구절

· 하나님이 주신 은혜

· 전심으로 기도해요

이웃 사랑을 실천한 의사, 장기려

장기려 선생님은 세계적인 실력의 외과 의사이면서도 병원 옥상에 있는 허름한 방에서 살면서 가난한 환자를 돌보셨어요. 선생님에게 치료받은 환자들은 하나같이 예수님의 사랑을 체험했다고 말했어요. 한국의 슈바이처라 불리는 장기려 선생님의 이야기를 들어볼까요?

Q 선생님, 안녕하세요! 어떤 계기로 의사를 하게 되셨나요?

처음부터 의사가 되고 싶었던 것은 아니에요. 원래 교사를 꿈꿨지요. 하지만 교사가 되려면 고등사범학교에 가야 하는데, 실력이 모자랄 뿐 아니라 학비 문제 때문에 포기했지요. 그다음에는 엔지니어가 될 결심을 하고 만주에 있는 여순공과대학에 지원했지만 합격하지 못했어요. 결국, 학비가 가장 적게 드는 학교를 알아봤는데, 그곳이 경성의학전문학교(경성의전)였어요. 해방 이후에 경성제국대학 의학부와 합쳐져 지금의 서울대학교 의과대학이 되었지요.

Q 의사가 된 후 신앙적으로 고민이 되었던 적이 있으세요?

일제강점기에 조선인 의학박사는 10명도 채 되지 않았어요. 사람들은 제가 성공이 보장된 길을 가리라고 생각했죠. 사실, 스승이신 백인제 박사님이 제게 대전 도립병원 외과 과장 자리를 권하셨을 때, 고민했어요.

당시 우리 집이 경제적으로 어려웠는데, 그 자리로 가면 출세할 수 있었으니까요. 그런데 경성의전 입학을 앞두고 하나님께 "의사를 한 번도 못 보고 죽어 가는 사람들을 위해 평생을 바치겠습니다"라고 기도했던 것이 떠올라 스승님의 제안을 거절하고, 가난한 환자들이 많은 평양 연합기독병원으로 갔어요.

Q 의사로서 가장 보람을 느끼셨던 적은 언제인가요?

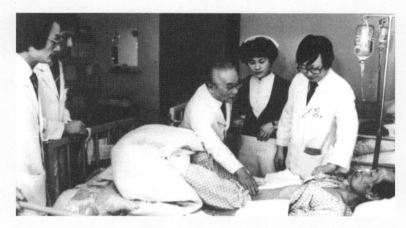

6.25 전쟁 중에 평양에서 부산으로 피난을 왔더니 영양실조와 전염병으로 힘들어하는 사람들이 너무 많았어요. 부산에 있는 한 교회 창고를 빌려 천막을 세우고 '복음진료소'라는 이름으로 무료 진료를 시작했어요. 그게 지금의 고신대학교 복음병원이에요. 그때만 해도 천막 병원이었지만 입원실과 수술실을 만들어 놓고 얼마나 좋았는지 몰라요. 환자를 위해 자진해서 봉사하겠다고 모인 의사들과 함께 옷이 땀에 흠뻑 젖도록 환자들을 돌보았지요. 또 치료받는 환자들에게 하나님의 말씀을 전했던 일을 잊을 수가 없어요.

Q 좋은 일을 하고도 사람들한테 오해를 받으신 적이 있다고 들었어요.

어려운 사람들을 위해
무료로 진료하다 보니
병원 운영에 문제가
생겼어요. 그래서 모
금함을 설치해 본인이
내고 싶은 만큼 진료
비를 내게 했지만, 그
것도 한계가 있었죠.

고민 끝에 의료보험제도를 해 보면 어떨까 생각했어요. "건강할 때 이웃 돕
고 병났을 때 도움받자!"라는 구호를 외치며 오늘날 의료보험제도의 효시
가 된 청십자 의료협동조합을 세웠죠.

처음 보험료는 60원, 당시 담배 한 갑이 100원 하던 시절이니 푼돈이나 다
름없었어요. 그런데 사람들은 "장기려 박사가 사기를 치려면 크게 치지 60
원씩 받아서 돈 없는 사람들한테 그걸로 뭘 하려는지 모르겠다"고 수군거
렸죠. 그래도 굴하지 않고 유지해 나갔고, 1975년에는 가난한 이들을 더 많
이 치료할 수 있도록 부산 청십자병원을 세웠어요.

Q 마지막으로 청소년들에게 조언 한마디 부탁드려요.

하나님의 뜻을 이루는 의사가
되고 싶다면, 그리고 이웃 사랑
을 실천하는 사람이 되고 싶다
면, 이 세 가지를 기억하세요.
첫째, 환자를 내 몸같이 사랑
하라.

둘째, 직업의식으로 일하지 말고 사명감으로 일하라. 셋째, 맡은 일에 최선을 다하고 칭찬받으려고 하지 말라. 이것들을 기억한다면 분명 하나님이 기뻐하시는 의사가 될 수 있을 거예요.

※ 본 내용은 장기려(1911~1995)에 관한 자료를 바탕으로 가상 인터뷰 형식으로 쓰였습니다.
※ 사진 출처: ⓒwikipedia

이 사람도
이웃인가요?

Wisdom

세계 이웃 지도

Q 전 세계에는 여러 이웃이 살고 있어요. 그들은 기아, 난민, 빈부 격차, 물 부족, 식량 부족, 기후 변화 등 여러 사회 문제를 겪고 있어요. 제비뽑기로 자신의 주제를 정하여 이웃의 상황을 조사해 '세계 이웃 지도'를 만들어 보세요.

1. 스마트폰이나 노트북을 활용해 나의 주제에 관해 조사한 내용을 적고, 발표해 보세요.

주제: _____

❶ 국가별 분포도

❷ 상위 TOP3 국가

❸ 주요 국가별 실태

❹ 실행하고 있는 해결 방안

[나눔] '세계 이웃 지도' 활동 후 다음 질문에 대한 내 생각을 적고 나눠 보세요.

1. 세계 이웃 지도를 그리면서 가장 기억에 남는 내용은 무엇인가요?

2. 언젠가 꼭 도움을 주고 싶은 이웃은 누구인가요? 세계 이웃 지도에서 골라 보세요.

3. 이번 주에 내가 도움을 주고 싶은 사람은 누구인가요? 내 주변에서 찾아보세요.

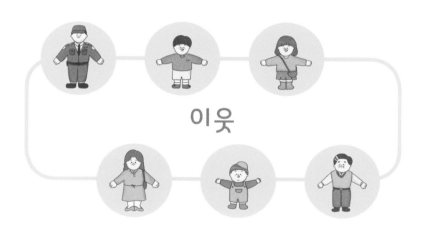

✚ 세계 이웃 지도를 그리면서 우리가 도움을 주어야 할 이웃이 전 세계에 있다는 사
실을 알게 되었어요. 그리스도인으로서 나의 버킷리스트에 자선을 추가해 보면 어
떨까요? 지금 당장 돕지 못해도 언젠간 내가 꼭 돕고 싶은 이웃을 마음에 품고 계속
기도하길 바라요. 그리고 지금 내 상황에서 도울 수 있는 이웃을 찾아 선한 사마리
아인처럼 최선을 다해 섬겨 보세요.

씨앗심기

나랑 이웃할래?

Q 도움이 필요한 사람에게 먼저 베풀면, 좋은 이웃이 될 수 있어요. 아래의 자선 체크리스트를 통해 나와 우리 가족의 자선 생활을 점검해 보고, 배운 내용을 한 주 동안 삶에서 실천해 보세요.

1. 다음 항목을 읽고 자신에게 해당하는 것에 ✔ 표시해 보세요.

나를 위한 자선 체크리스트	
항목	답변
1. '그리스도인'과 '자선'은 관련이 있는가?	❶ 그렇다 ❷ 그렇지 않다 ❸ 잘 모르겠다
2. 자선의 실천 동기는 무엇인가?	❶ 그리스도인의 책임과 사랑 ❷ 주변에서 하라고 해서 ❸ 동정심과 불쌍한 마음
3. 자선에 대한 교육을 받아 본 적이 있는가?	❶ 체계적으로 배웠다 ❷ 교회에서 설교를 통해 한두 번 정도 들었다 ❸ 전혀 없다
4. 소외된 사람들을 위해 기도하는가?	❶ 항상 기도한다 ❷ 가끔 생각날 때 기도한다 ❸ 기도하지 않는다
5. 도움이 필요한 사람을 위해 나의 돈과 시간을 쓴다면 어떤 마음인가?	❶ 당연히 해야 할 일이므로 내 돈과 시간을 쓰려고 노력한다 ❷ 아깝다는 생각도 들지만, 안 하면 죄책감이 들어서 그냥 한다 ❸ 별로 쓰고 싶지 않다

6. 도움이 필요한 사람들을 위해 기부 또는 봉사를 하고 있는가?	① 한 달에 한 번 이상 한다 ② 일 년에 한 번 이상 한다 ③ 전혀 하지 않는다
7. 소외된 사람을 돕기 위해 내 용돈의 몇 %를 사용할 수 있는가?	① 0~10% ② 10~20% ③ 30% 이상
8. 내가 생각하는 자선의 범위는 어디까지인가?	① 어려움을 겪는 주변 지인을 위한 기부와 봉사까지 ② 주변 지인과 고통받고 소외된 모르는 사람을 위한 기부와 봉사까지 ③ 주변 지인뿐 아니라 불특정 다수를 위한 사회 제도와 문화를 바꾸려는 노력까지
9. 자선을 지속적으로 실천하고 있는가?	① 오랫동안 유지될 수 있도록 노력한다 ② 상황에 따라 중단하기도 한다 ③ 일회성 봉사도 의미가 있으므로 지속 가능성은 고려하지 않는다
10. 기부나 봉사 외에 법과 제도, 문화, 사회적 인식을 바꾸는 옹호 활동에도 관심이 있는가?	① 관심이 많고, 문제 해결을 위한 사회 참여도 자선 실천의 한 방법이라고 생각한다 ② 인지는 하고 있지만, 관심 있게 찾거나 참여하지는 않는다 ③ 별 관심이 없다
11. 자선이 곧 하나님을 향한 예배라는 것을 알고 있는가?	① 잘 알고, 이해하고 있다 ② 막연히 알고 있다 ③ 잘 몰랐고, 처음 듣는 말이다

2. 부모님과 함께 온 가족이 다음 항목을 읽고, 해당하는 것에 ✔표시해 보세요.

가정을 위한 자선 체크리스트	
항목	답변
1. 우리 가족은 '자선'에 관해 대화하는가?	❶ 자주 나누는 대화 주제다 ❷ 가끔 기회가 생길 때 한다 ❸ 거의 해 본 적이 없다
2. 자선의 실천 동기는 무엇인가?	❶ 그리스도인의 책임과 사랑 ❷ 주변에서 하라고 해서 ❸ 동정심과 불쌍한 마음
3. 부모로서 자녀들에게 자선을 해야 하는 이유에 관해 정확히 가르치고 있는가?	❶ 성경을 토대로 구체적으로 가르친다 ❷ 하나님이 기뻐하시는 일이라는 정도로만 가르친다 ❸ 가르친 적이 없다
4. 부모로서 자녀들에게 자선을 행하는 태도와 방법에 관해 가르치고 있는가?	❶ 상대방의 존엄함을 지켜 주는 태도와 방법으로 실천해야 함을 가르친다 ❷ 칭찬받거나 우쭐대기 위해 선행하는 것은 옳지 않다는 정도는 가르친다 ❸ 가르친 적이 없다
5. 우리 가족이 공통적으로 관심을 가지고 기도하는 대상/영역(환경, 인권, 빈곤가정, 장애인 등)이 있는가?	❶ 공통으로 기도하는 대상/영역이 있다 ❷ 가족 구성원의 관심 대상/영역이 각각 따로 있다 ❸ 없다
6. 소외된 사람들을 위해 기도하는가?	❶ 항상 기도한다 ❷ 가끔 생각날 때 기도한다 ❸ 기도하지 않는다
7. 도움이 필요한 사람들을 위해 기부 또는 봉사를 하는가?	❶ 한 달에 한 번 이상 한다 ❷ 일 년에 한 번 이상 한다 ❸ 전혀 하지 않는다

세상을 바꾸는 씨앗 청소년부 워크북

8. 가정에 자선 통장이나 자선 저금통이 있는가?	❶ 있다 ❷ 없다
9. 우리 가족이 생각하는 자선의 범위는 어디까지인가?	❶ 어려움을 겪는 주변 지인을 위한 기부와 봉사까지 ❷ 주변 지인과 고통받고 소외된 모르는 사람을 위한 기부와 봉사까지 ❸ 주변 지인뿐 아니라 불특정 다수를 위한 사회 제도와 문화를 바꾸려는 노력까지
10. 우리 가족은 자선을 지속적으로 실천하고 있는가?	❶ 오랫동안 유지될 수 있도록 노력한다 ❷ 상황에 따라 중단하기도 한다 ❸ 일회성 봉사도 의미가 있으므로 지속 가능성은 고려하지 않는다
11. 나눔 문화가 성숙해지는 요즘 시대에 기독교의 자선 실천은 어떠해야 하는가?	❶ 타 종교나 타 기관보다 자선에 더 진지해야 한다 ❷ 해도 되고 안 해도 되는 선택의 문제다 ❸ 관심이 없다
12. 가정에서 기부나 봉사를 하기 위해 비영리 단체를 조사해 본 적이 있는가?	❶ 있다 ❷ 없다
13. 내가 남길 유산의 일부를 기부하는 것에 대해 어떻게 생각하는가?	❶ 꼭 그렇게 할 것이다 ❷ 마음은 하고 싶지만, 상황이 어떻게 될지 모르겠고 확신이 안 선다 ❸ 하지 않아도 된다
14. 기부나 봉사 외에 법과 제도, 문화, 사회적 인식을 바꾸는 옹호 활동에 관심이 있는가?	❶ 사회 참여도 자선 실천의 한 방법이라고 생각한다 ❷ 인지는 하고 있지만, 관심을 가지고 찾거나 참여하지는 않는다 ❸ 별 관심이 없다
15. 자선이 곧 하나님을 향한 예배라는 것을 알고 있는가?	❶ 잘 알고, 이해하고 있다 ❷ 막연히 알고 있다 ❸ 잘 몰랐고, 처음 듣는 말이다

3. 가족과 함께 자선 체크리스트를 하고 난 후에 느낀 점을 나눠 보세요.

관계	이름	느낀 점
부모님		
형제자매		
나		

4. 이번 주에 내가 도움을 준 이웃은 누구인가요? 그 사람에게 어떻게 다가갔으며 사랑을 어떻게 실천했는지 내용을 기록해 보세요.

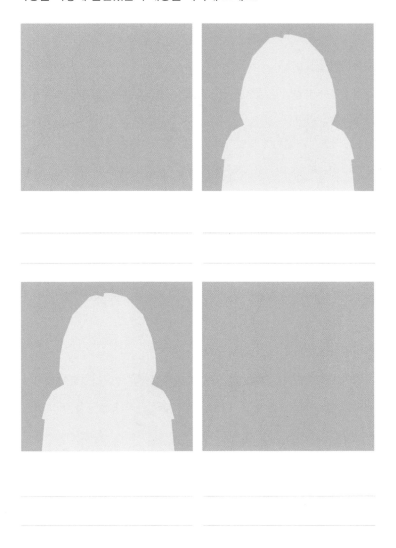

※ 이웃의 얼굴이나 표정을 그려 넣어도 좋고, 이름을 적거나 사진을 붙여도 좋아요.

한 번도 본 적 없는 이웃 누가복음 10장 25-37절

한 율법교사의 질문

25 어떤 율법교사가 일어나 예수를 시험하여 이르되 선생님 내가 무엇을 하여 야 영생을 얻으리이까

26 예수께서 이르시되 율법에 무엇이라 기록되었으며 네가 어떻게 읽느냐

27 대답하여 이르되 네 마음을 다하며 목숨을 다하며 힘을 다하며 뜻을 다하 여 주 너의 하나님을 사랑하고 또한 네 이웃을 네 자신같이 사랑하라 하였 나이다

28 예수께서 이르시되 네 대답이 옳도다 이를 행하라 그러면 살리라 하시니

29 그 사람이 자기를 옳게 보이려고 예수께 여짜오되 그러면 내 이웃이 누구니 이까

선한 사마리아인의 비유

30 예수께서 대답하여 이르시되 어떤 사람이 예루살렘에서 여리고로 내려가다 가 강도를 만나매 강도들이 그 옷을 벗기고 때려 거의 죽은 것을 버리고 갔 더라

31 마침 한 제사장이 그 길로 내려가다가 그를 보고 피하여 지나가고

32 또 이와 같이 한 레위인도 그곳에 이르러 그를 보고 피하여 지나가되

33 어떤 사마리아 사람은 여행하는 중 거기 이르러 그를 보고 불쌍히 여겨

³⁴ 가까이 가서 기름과 포도주를 그 상처에 붓고 싸매고 자기 짐승에 태워 주막
으로 데리고 가서 돌보아 주니라

³⁵ 그 이튿날 그가 주막 주인에게 데나리온 둘을 내어 주며 이르되 이 사람을 돌
보아 주라 비용이 더 들면 내가 돌아올 때에 갚으리라 하였으니

³⁶ 네 생각에는 이 세 사람 중에 누가 강도 만난 자의 이웃이 되겠느냐

³⁷ 이르되 자비를 베푼 자니이다 예수께서 이르시되 가서 너도 이와 같이 하라
하시니라

💜 본문 해설

한 율법교사가 어떻게 하면 영생을 얻을 수 있는지 묻자 예수님은 율법에 기록된 대로 하나님과 이웃을 사랑하라고 답하셨습니다. 그러나 자신을 자랑하고 싶었던 율법교사는 누가 자신의 이웃이냐고 다시 물었습니다. 그러자 예수님이 한 이야기를 들려주셨습니다. "어떤 사람이 예루살렘에서 여리고로 내려가다가 강도를 만나 봉변을 당했다. 이를 보고 제사장과 레위인은 지나쳤지만, 천대받던 사마리아 사람이 오히려 그를 돌봐주었다." 예수님은 율법교사에게 과연 진짜 이웃은 누구인가 하고 되물으시고는 사마리아 사람과 같이 행하라고 말씀하셨습니다.

💜 하나님은 어떤 분입니까?

예수님은 누가 자신의 이웃인지를 토론만 하기보다는 가서 어려운 사람들의 이웃이 되어 주라고 말씀하십니다. 그 말씀대로 예수님은 스스로 모든 영광을 버리고 낮아지셔서 우리 이웃이 되어 주셨습니다.

💜 내게 주시는 교훈

참된 사랑을 지식적으로 아는 데서 그칠 게 아니라 삶을 통해 보여 줄 수 있어야 합니다. 하나님이 찾으시는 사람은 선한 일에 관해 말만 하는 사람이 아니라 행동하는 사람입니다. 내가 이웃이 되어 주어야 할 사람은 누구인지 생각해 보세요.

- 마음에 와닿은 구절

- 하나님이 주신 은혜

- 전심으로 기도해요

모든 어린이에게
교실 문을 열어 준 교육자,
요한 하인리히 페스탈로치

지금은 어린이를 특별히 보호하고 양육하는 것이 당연한 일이지만, 과거에는 그렇지 않았어요. 부모의 계급과 재산에 따라 학업을 이어 갈 기회가 주어졌기 때문에, 하류층 어린이들은 제대로 된 교육을 받지 못했어요. 가난한 어린이와 고아들에게도 배움의 기회를 주었던 스위스 교육자 페스탈로치 선생님의 이야기를 들어볼까요?

Q 안녕하세요. 선생님! 평생을 교육, 특히 빈민 아동 교육 사업에 헌신하셨는데 특별한 계기가 있으셨나요?

네, 제가 어릴 적 일찍이 아버지가 돌아가셔서 늘 할아버지를 의지하며 따라다녔어요. 목사이셨던 할아버지는 끼니도 제대로 챙겨 먹지 못하는 농민들과 아이들을 도와주셨어요. 그리고 저에게 "너는 사람의 몸을 고치는 의사가 되지 말고, 사람의 마음을 고치는 의사가 되어라"라고 말씀하시곤 했어요. 할아버지와의 약속을 지키기 위해, 그리고 할아버지를 닮기 위해 교육자가 되었어요.

Q 그렇다면 슈탄스 고아원은 할아버지와 맺은 약속의 열매인가요?

그렇게 볼 수 있겠네요. 사실, 슈탄스 고아원 이전에 '노이호프 빈민 노동 학교'를 먼저 세웠어요. 아무도 눈여겨보지 않던 소외된 거리의 아이들을 모아 옷과 음식을 제공하며 자식처럼 돌보았지요. 그런데 '그냥 잘 입고, 잘 먹기만 하면 게을러진다'는 생각에 낮에는 일하고, 밤에는 공부하도록 가르쳤어요. 그러다가 1798년에 프랑스 군대가 스위스를 침략하여 전쟁 고아들이 넘쳐나면서 슈탄스 고아원을 세웠어요. 당시 고아원들은 아이들을 먹이고 재우는 데서 끝났어요. 하지만 저는 아이들이 언젠간 고아원을 나가게 될 텐데, 그 이후가 걱정됐어요. 스스로 벌어서 살 수 있어야 하니까요. 가난한 사람도 교육을 받으면 가난에서 벗어날 수 있다는 생각으로 아이들에게 학문과 기술을 가르쳤어요. 거창한 것은 아니고 옷감 짜는 법이나 셈을 세는 법 등이었는데, 아이들이 사회에 나갈 자신감을 얻도록 돕고 싶었어요.

Q 하지만 곧 고아원의 문을 닫아야 했지요?

네, 전쟁으로 고아원 건물이 병원으로 쓰이는 바람에 아이들은 다시 길거리로 내몰리게 되었지요. 아이들을 보며 마음이 정말 무거웠어요. 전쟁으로 인해 아무것도 해줄 수가 없어서 미안했죠. 그 후에 부르크도르프에 서민 학교를 세웠어요. 당시 교육법은 기독교 교리를 마냥 외우게 하고, 틀리면 매를 드는 아주 단순하고 무식한 방식이었어

요. 이건 도저히 아니다 싶어서 아이들의 발달 단계에 따라 익혀야 할 내용을 나누고, 그에 맞는 학습 활동을 통해서 지식을 습득하도록 가르치기 시작했지요.

Q 우리가 흔히 말하는 '교과서'가 이때 만들어진 것인가요?

네, 오늘날에는 당연한 사실이 당시에는 파격적이었죠. 발달 단계에 따른 교과 과정을 세운 덕분에 아이들 스스로 공부하는 마음과 생각하는 힘이 길러졌어요. 이때의 교과서가 약 100년 동안 유럽 교과서의 본보기가 되었어요. 이 성공에 힘입어 교사를 양성하기 위한 최초의 '사범학교'를 설립했고, 유럽 초등 교육의 기초가 된 '이베르동 학교'를 세울 수 있었어요. 저 혼자였다면 엄두도 못 냈겠지만, 때마다 부어 주시는 하나님의 은혜와 슈탄스 고아원에서 인연이 된 아이들을 비롯한 수많은 제자가 있었기에 가능했어요. "선생님, 어른이 되면 가난한 사람들에게 힘이 되어 주라고 하셨지요? 이제 저희도 그런 사람이 되고 싶습니다"라며 어린 시절 저에게 배웠던 슈탄스 아이들이 훌륭한 어른으로 자라나 함께 일하겠다며 찾아왔을 때 기뻐서 눈물이 났어요.

Q 개인의 삶에도 어려움이 있었다고 들었는데, 어떻게 극복하셨나요?

시대를 앞서간 가르침 때문에 학부모들에게서 배척을 당하기도 했어요. 받아들여지는 데 쉽지 않더라고요. 또 수많은 아이를 돌보느라 저 역시 배부르게 살았던 적이 없어요. 그러나 이 모든 고난을 아내와 함께 성경을 읽으며 이겨 냈어요. 성경을 사랑했던 저희 부부는 성경으로부터 힘과 용기와 평안을 얻었어요. 특별히 "하나님은 사랑이시라"(요

　세상을 바꾸는 씨앗 청소년부 워크북

한일서 4:16), "내가 길이요 진리요 생명이니 나로 말미암지 않고는 아버지께로 올 자가 없느니라"(요한복음 14:6) 이 두 가지 말씀을 따라 진리와 사랑으로 교육의 기초를 세워 나갔어요.

※ 본 내용은 요한 하인리히 페스탈로치(1746~1827)에 관한 자료를 바탕으로 가상 인터뷰 형식으로 쓰였습니다.
※ 사진 출처: ⓒwikipedia

주제 성구	네가 밭에서 곡식을 벨 때에 그 한 뭇을 밭에 잊어버렸거든 다시 가서 가져오지 말고 나그네와 고아와 과부를 위하여 남겨두라 그리하면 네 하나님 여호와께서 네 손으로 하는 모든 일에 복을 내리시리라 (신명기 24:19)
성경 본문	신명기 24장 19-22절
학습 목표	• 성경 속 자선의 바른 태도를 이해한다. • 자선의 마음가짐과 태도를 점검한다.

어떤 태도로
도와야
하나요?

여섯 색깔 세포들

Q 선생님이 보여 주는 사진 속 이웃을 고르고, 각자 정해진 색깔 세포들의 역할에 맞춰서 어떤 마음가짐과 태도로 이웃을 도와야 할지 토론해 보세요. 친구들과 토론한 내용을 정리해 적어 보세요.

	팩트 세포	
	감정 세포	
	싫어 세포	
	좋아 세포	
	엉뚱 세포	
	정리 세포	

세상을 바꾸는 씨앗 청소년부 워크북

[나눔] '여섯 색깔 세포들' 활동 후 다음 질문에 관한 내 생각을 적고 나눠 보세요.

1. 이전에 누군가를 도왔던 경험이 있나요? 어떻게 도와주었나요?

_____

2. 이전에 누군가에게서 도움을 받았던 경험이 있나요? 어떤 도움을 받았나요?

_____

3. 앞서 토론했던 사진 속 이웃을 마주하게 된다면 어떻게 도울 건가요? 아래 네 가지 기준에 따라 나만의 방법을 찾아보세요.

❶ 상대방의 입장을 배려하기 위해

_____

❷ 인색하지 않고 넉넉하게 베풀기 위해

_____

❸ 과시하지 않고 겸손하게 돕기 위해

_____

❹ 동등한 존재임을 기억하기 위해

_____

✚ '여섯 색깔 세포'가 되어 어려운 이웃을 만났을 때 어떻게 반응하게 될지 살펴보았어요. 우리는 서로서로 도움을 주고받는 존재라는 것을 기억했으면 좋겠어요. 내가 잘나서 누군가를 돕는다는 마음을 버리고 하나님의 은혜를 누리고 있는 우리가 그 은혜에 대한 감사한 마음을 간직하며 이웃을 돕기를 바라요.

씨앗심기

이웃 사랑 시무 4조

Q 성경 속 고아, 과부, 나그네는 여전히 우리 곁에 다양한 모습으로 존재하고 있고, 우리의 도움을 필요로 해요. 이웃을 대하는 나의 마음가짐과 태도를 점검하고, 삶에서 실천해 보세요.

1. 다음은 자선을 베풀 때 지켜야 할 마음가짐과 태도에 관한 4가지 기준입니다. 이것을 토대로 삶의 영역별 나만의 이웃 사랑 시무 4조를 구체적으로 정해 보세요.

   <기준> 1) 상대방의 입장에서 생각하고 배려하기
   2) 인색하지 않고 넉넉하게 베풀기
   3) 과시하지 않고 겸손하게 도와주기
   4) 주 안에서 동등한 존재임을 기억하기

학교	교회
❶	❶
❷	❷
❸	❸
❹	❹

학원	지역 사회
❶	❶
❷	❷
❸	❸
❹	❹

2. 삶의 영역별(학교, 교회, 학원, 지역사회)로 나만의 이웃 사랑 시무 4조를 실천한 후, 사람들이 보인 반응과 내가 느낀 점을 기록해 보세요.

학교		교회	
반응		반응	
느낀 점		느낀 점	

학원		지역 사회	
반응		반응	
느낀 점		느낀 점	

내가 아니라 너를 위해 신명기 24장 10~22절

가난한 자의 보호 규정

¹⁰ 네 이웃에게 무엇을 꾸어줄 때에 너는 그의 집에 들어가서 전당물을 취하지 말고

¹¹ 너는 밖에 서 있고 네게 꾸는 자가 전당물을 밖으로 가지고 나와서 네게 줄 것이며

¹² 그가 가난한 자이면 너는 그의 전당물을 가지고 자지 말고

¹³ 해 질 때에 그 전당물을 반드시 그에게 돌려줄 것이라 그리하면 그가 그 옷을 입고 자며 너를 위하여 축복하리니 그 일이 네 하나님 여호와 앞에서 네 공의로움이 되리라

¹⁴ 곤궁하고 빈한한 품꾼은 너희 형제든지 네 땅 성문 안에 우거하는 객이든지 그를 학대하지 말며

¹⁵ 그 품삯을 당일에 주고 해 진 후까지 미루지 말라 이는 그가 가난하므로 그 품삯을 간절히 바람이라 그가 너를 여호와께 호소하지 않게 하라 그렇지 않으면 그것이 네게 죄가 될 것임이라

¹⁶ 아버지는 그 자식들로 말미암아 죽임을 당하지 않을 것이요 자식들은 그 아버지로 말미암아 죽임을 당하지 않을 것이니 각 사람은 자기 죄로 말미암아 죽임을 당할 것이니라

나그네와 고아와 과부를 돌보심

¹⁷ 너는 객이나 고아의 송사를 억울하게 하지 말며 과부의 옷을 전당 잡지 말라

¹⁸ 너는 애굽에서 종 되었던 일과 네 하나님 여호와께서 너를 거기서 속량하신 것을 기억하라 이러므로 내가 네게 이 일을 행하라 명령하노라

¹⁹ 네가 밭에서 곡식을 벨 때에 그 한 뭇을 밭에 잊어버렸거든 다시 가서 가져오지 말고 나그네와 고아와 과부를 위하여 남겨두라 그리하면 네 하나님 여호와께서 네 손으로 하는 모든 일에 복을 내리시리라

²⁰ 네가 네 감람나무를 떤 후에 그 가지를 다시 살피지 말고 그 남은 것은 객과 고아와 과부를 위하여 남겨두며

²¹ 네가 네 포도원의 포도를 딴 후에 그 남은 것을 다시 따지 말고 객과 고아와 과부를 위하여 남겨두라

²² 너는 애굽 땅에서 종 되었던 것을 기억하라 이러므로 내가 네게 이 일을 행하라 명령하노라

♥ 본문 해설

남에게 돈을 빌려주었더라도 그를 변함없이 존중해야 합니다. 또 가난한 자들의 최저 생활을 보장해야 하며, 일꾼의 품삯도 제때 지급해서 생계에 어려움이 없도록 해야 합니다. 나에게는 별것 아닐지 몰라도 상대방은 어려움을 당할 수 있기 때문입니다. 이웃을 사랑하라는 하나님의 명령은 이런 구체적인 실천을 통해서 실현됩니다. 또한 재판할 때는 이집트에서 종살이했던 것을 기억하며 억울한 사람이 생기지 않도록 유의해야 합니다. 하나님은 추수할 때나 수확한 후에도 그 일부를 외국인이나 고아, 과부와 같은 약자를 위해 남겨 두게 하셨습니다.

♥ 하나님은 어떤 분입니까?

하나님은 이스라엘 백성들이 이웃이나 가난한 자들에게 긍휼을 베풀도록 율법으로 정하셨습니다. 그 이유는 이스라엘이 하나님의 크신 은혜 안에서 사랑과 긍휼을 받으며 살고 있음을 깨닫길 원하셨기 때문입니다.

♥ 내게 주시는 교훈

우리는 구원의 은혜를 입은 자로서 어떠한 보상도 바라지 않고, 자선, 곧 보호가 필요한 자를 돕는 일에 발 벗고 나설 수밖에 없습니다. 감사하는 마음으로 타인을 위한 몫을 항상 남겨 두어야 합니다. 그들의 필요가 무엇인지 고민하고 살펴야 합니다.

- 마음에 와닿은 구절

- 하나님이 주신 은혜

- 전심으로 기도해요

필요한 모든 것을 나눈 땅콩 박사, 조지 워싱턴 카버

미국의 남북전쟁이 끝나면서 노예 해방이 되었으나 흑인들의 삶이 금방 나아진 것은 아니었습니다. 삶의 기반이 없었던 흑인들은 더욱 혹독해진 상황을 견뎌야 했습니다. 이러한 시대적 상황에도 조지 카버는 신분의 한계를 넘어 신앙 안에서 기적을 일궜습니다. 언제나 겸손과 지혜로 동족을 위해 살았던 미국의 땅콩 박사 조지 카버 선생님의 이야기를 들어볼까요?

Q 안녕하세요. 선생님! 어린 시절의 삶은 어떠셨나요?

제가 태어난 19세기 중엽까지만 해도 미국에는 여전히 노예 제도가 있었어요. 흑인의 자녀로 태어나면 노예로 살 수밖에 없었지요. 제가 태어나고 얼마 후 어머니가 무장한 폭도들에게 납치를 당하셨고, 저는 주인 카버 부부의 보살핌을 받으며 자랐어요. 그분들은 여느 백인들과 달리 흑인을 매우 인간적으로 대해 주었죠. 그러던 어느 날 우연히 학교에서 수업을 듣는 또래 친구들의 모습을 봤는데, 정말 부러웠어요. 하지만 인종 차별이 심해 흑인인 제가 입학할 수 있는 학교가 드물었죠. 주인 카버 부부가 수소문 끝에 흑인이 들어갈 수 있는 학교를 찾아주었어요.

Q 식물에 관한 관심은 언제부터 갖게 되셨나요?

흑인 아이들을 위한 학교에 다닐 때, 마리아 아주머니 집에서 하숙하게 되었어요. 아주머니는 저를 매우 기특하게 여기셨죠. 어느 날 저에게 "조지! 배울 수 있는 것은 모두 배우렴. 우리는 배우지 못했고, 그래서 지금도 노예 생활에서 벗어나지 못하고 있잖니. 네가 배운 것을 꼭 우리 동족에게도 가르쳐 줘"라고 말씀하셨어요. 그때 비로소 큰 비전을  품게 되었고, 공부를 계속하기로 다짐했어요. 심프슨대학에 진학하여 버드 선생님을 만났는데, 그분은 제가 그린 식물 그림을 보더니 "너는 미술에 재능이 있을 뿐 아니라 식물과 자연에 관한 관심도 남다르구나"라고 말씀해 주셨어요. 돌이켜 보면 카버 부부의 밭에서 일할 때부터 식물 관찰하기를 즐겼던 것 같아요. 이후 버드 선생님 덕분에 아이오와주립대학에 입학하여 그곳에서 원예작물 접목법, 농업 응용화학, 식물 세균학 등을 공부했어요.

Q 흑인 최초로 학사 학위를 받았을 때 기분이 어떠셨나요?

정말 기뻤죠. 그런데 한편으로는 걱정되기도 했어요. 여러 기업과 대학에서 같이 일해 보자고 요청이 왔는데, 혹시라도 돈과 명예만을 좇는 사람이 될까 봐 계속 기도하며 하나님의 뜻을 물었어요. 그러던 중에 흑인을 위한 '터스키기 연구소'(Tuskegee Institute)를 운영하던 부커 워싱턴에게서 편지 한 통을 받았어요. 인간답게 살지 못하는 흑인들이 무지에서 벗어나 인간답게 살 수 있도록 작물 재배에 관해 지도해 달라는 내용이었죠.

편지를 보자마자 가슴이 뜨거워졌어요. 예수님이 세상의 명예를 좇기보다는 지식과 지혜를 나눠 주길 원하신다는 생각이 들어 바로 짐을 싸서 그곳으로 갔어요. 탄탄대로를 걸을 것이라는 예상과 달리 월 125달러만 받고 연구소는커녕 변변한 실험 도구 하나 없는 환경에서 연구하는 저를 사람들은 이해하지 못했지만, 전 그곳에서 일하는 동안 정말 행복했어요.

Q 그곳에서 땅콩 연구에 매진하셨는데, 왜 하필 땅콩이었나요?

흑인들은 주로 남부 지방에서 목화 재배로 생계를 유지했는데, 점점 땅이 척박해져 해가 갈수록 수확량이 줄어갔어요. 직접 방문해 보니 목화를 매년 심는 것이 문제였더군요. 그래서 해마다 땅콩, 고구마, 목화를 번갈아 가며 심으라고 알려 줬는데, 결과는 성공적이었어요. 그러다가 땅콩이 척박한 땅을 비옥하게 한다는 사실을 알아냈지요. 그래서 사람들에게 땅콩 심기를 권유했어요.

그 덕분에 수확량이 배로 늘긴 했는데, 이번에는 넘쳐나는 땅콩을 감당하지 못해서 또 막막하게 됐죠. 그래서 밤낮으로 땅콩의 다양한 활용법을 연구하기 시작했어요. 땅콩으로 버터, 비누, 요리 기름, 화장품, 잉크, 물감, 접착제, 연고 등을 만드는 등 100여 가지가 넘는 종류의 음식과 200여 가지의 실용품을 개발했어요. 그때부터 마차를 타고 전국을 돌면서 땅콩 재배법과 활용법을 가르쳤지요.

세상을 바꾸는 씨앗 청소년부 워크북

Q 흑인이라서 무시당할 때, 화난 적은 없으셨나요? 어떻게 극복하셨나요?

당연히 화도 나고 속상했지만, 그동안 겪은 차별이나 모욕에 일일이 화내고 싸우려고 들었더라면 이렇게 많은 일을 해내지 못했을 거예요. 차별을 받을 때마다 예수님을 생각했어요. 예수님은 제가 부당한 차별을 이겨 내고, 제가 가장 잘할 수 있는 일을 하기를 바라신다는 걸 알았죠. 그래서 싸우는 데 에너지를 낭비하지 않고, 그저 맡겨 주신 일을 열심히 했어요. 땅콩을 연구할 때, 예수님이 큰 깨달음을 주셨어요. 하나님이 지으신 사람 중에 쓸모없는 사람은 없다는 거예요. 우리는 하나님의 위대한 작품이니만큼, 예수님의 일을 멋지게 해낼 책임이 있어요. 그걸 잊어서는 안 돼요.

※ 본 내용은 조지 워싱턴 카버(1864~1943)에 관한 자료를 바탕으로 가상 인터뷰 형식으로 쓰였습니다.

※ 사진 출처: ⓒwikipedia

주제 성구	너희가 모든 일에 넉넉하여 너그럽게 연보를 함은 그들이 우리로 말미암아 하나님께 감사하게 하는 것이라
	(고린도후서 9:11)

성경 본문	고린도후서 9장 10-14절

학습 목표	• 물질 기부의 방법 및 경로를 탐색한다.
	• 개인별 물질 기부의 실천 방안을 모색한다.

무엇으로
도울 수
있나요?

모금함

찾아라 자선 단체

Q 선생님이 공유해 준 링크로 접속 후 패들릿(Padlet)에 참여하여 다양한
자선 단체를 탐색해 보세요.

[나눔] '찾아라 자선 단체' 활동 후 다음 질문에 관한 내 생각을 적고 나눠
보세요(부록 '자선 단체 리스트' 참조).

1. 활동을 통해 살펴본 자선 단체 중 가장 기억에 남는 단체는 무엇인가요? 그 이
유는?

2. 실제로 후원하고 있는 자선 단체가 있다면 무엇인가요?

3. 활동을 통해 살펴본 자선 단체 중 후원하고 싶은 자선 단체는 무엇인가요? 그
이유는?

4. 활동을 통해 살펴본 자선 단체 외에 알아보고 싶은 자선 단체가 있다면 무엇인
가요? 그 이유는?

✚ 오늘 조사한 자선 단체 외에도 전 세계적으로 수많은 자선 단체가 존재해요. 각 자
선 단체가 돕는 대상도 다 달라요. 하지만 이웃을 비롯해 자선 단체에 가장 큰 힘이
되는 건 우리의 작은 관심과 참여예요. 나의 작은 기부가 세상을 바꾸는 씨앗이 될
거예요. 이제부터 나의 것을 나눌 줄 아는 힘을 길러 보아요.

씨앗심기

나계부

Q 물질적 기부는 절망에 빠진 이에게 새로운 삶을 도전할 기회를 만들어 줘요. 내가 가진 것을 나눌 때, 놀라운 변화가 시작되어요. 배운 내용을 기억하며 한 주 동안 나의 것을 나누는 힘을 길러 보세요.

1. 나계부는 '나의 가계부'의 줄임말입니다. 실제 지난주 나계부를 정리해 적어 보세요.

지난주 나계부			
(+) 들어온 돈		(-) 나간 돈	
내역	금액	내역	금액

세상을 바꾸는 씨앗 청소년부 워크북

소비 및 나눔 생활 점검하기	잘 지켰나요?
❶ 지출한 항목이 나에게 꼭 필요한 것인지 따져 보았나요?	
❷ 내가 가진 돈에서 충분히 살 수 있었나요?	
❸ 용돈에서 십일조를 구별했나요?	
❹ 용돈에서 주일 헌금을 구별했나요?	
❺ 어려운 이웃을 위해 따로 저축했나요?	
❻ 도움이 필요한 사람을 위해 베풀었나요?	

다짐하기

❶ 칭찬할 점

❷ 아쉬운 점

❸ 가장 많이 지출한 항목

도서 / 문구 / 취미 / 쇼핑 / 간식
선물 / 저축 / 기부 / 헌금 / 기타

❹ 노력 및 개선할 점

2. 앞서 점검하고 다짐한 내용을 실천하며 이번 주 나계부를 적어 보세요.

이번 주 나계부					
이번 주 목표			현재 남은 돈		
요일	분야	상세 내역	(+) 들어온 돈	(-) 나간 돈	남은 돈
월					
화					
수					
목					
금					

3. 우리 가족 해피 저금통 만들기

준비물
공병 1개, 메모지, 펜, 기타 꾸밀 수 있는 도구, 스티커(부록 참조)

방법
❶ 공병에 '우리 가족 해피 저금통'이라고 적고 스티커를 붙여 예쁘게 꾸민다.
❷ 행복한 일, 즐거운 일, 보람된 일, 감사한 일 등 기쁜 일이 생길 때마다 그 내용
  을 쪽지에 적어 돈과 함께 저금한다.
❸ 집에서 가장 잘 보이는 곳에 놓고, 온 가족이 1년 동안 행복을 저금한다.
❹ 연말에 개봉해 해피 쪽지를 읽으며 지난 1년간의 기쁨을 떠올린다. 모은 돈은
  자선 단체에 기부하여 이웃과 행복을 나눈다.

TIP
❶ 유리병, 페트병, 우유갑 등 어떤 소재의 병이든 무방하지만, 행복이 쌓이는 것
  을 볼 수 있는 투명한 병을 사용하는 것이 좋다.
❷ 해피 저금통에 모은 돈을 어디에 기부할지 가족들과 상의하여 결정한다. 예배
  시간에 배운 자선 단체를 가족들에게 소개해 줘도 좋다.

야, 너두 부자 될 수 있어! 고린도후서 9장 1-14절

연보를 준비하는 원칙

1 성도를 섬기는 일에 대하여는 내가 너희에게 쓸 필요가 없나니

2 이는 내가 너희의 원함을 앎이라 내가 너희를 위하여 마게도냐인들에게 아가 야에서는 일 년 전부터 준비하였다는 것을 자랑하였는데 과연 너희의 열심이 퍽 많은 사람들을 분발하게 하였느니라

3 그런데 이 형제들을 보낸 것은 이 일에 너희를 위한 우리의 자랑이 헛되지 않 고 내가 말한 것같이 준비하게 하려 함이라

4 혹 마게도냐인들이 나와 함께 가서 너희가 준비하지 아니한 것을 보면 너희는 고사하고 우리가 이 믿던 것에 부끄러움을 당할까 두려워하노라

5 그러므로 내가 이 형제들로 먼저 너희에게 가서 너희가 전에 약속한 연보를 미리 준비하게 하도록 권면하는 것이 필요한 줄 생각하였노니 이렇게 준비하 여야 참 연보답고 억지가 아니니라

6 이것이 곧 적게 심는 자는 적게 거두고 많이 심는 자는 많이 거둔다 하는 말 이로다

7 각각 그 마음에 정한 대로 할 것이요 인색함으로나 억지로 하지 말지니 하나 님은 즐겨 내는 자를 사랑하시느니라

8 하나님이 능히 모든 은혜를 너희에게 넘치게 하시나니 이는 너희로 모든 일에 항상 모든 것이 넉넉하여 모든 착한 일을 넘치게 하게 하려 하심이라

은혜의 통로인 연보

9 기록된 바 그가 흩어 가난한 자들에게 주었으니 그의 의가 영원토록 있느니 라 함과 같으니라

¹⁰ 심는 자에게 씨와 먹을 양식을 주시는 이가 너희 심을 것을 주사 풍성하게 하시고 너희 의의 열매를 더하게 하시리니

¹¹ 너희가 모든 일에 넉넉하여 너그럽게 연보를 함은 그들이 우리로 말미암아 하나님께 감사하게 하는 것이라

¹² 이 봉사의 직무가 성도들의 부족한 것을 보충할 뿐 아니라 사람들이 하나님께 드리는 많은 감사로 말미암아 넘쳤느니라

¹³ 이 직무로 증거를 삼아 너희가 그리스도의 복음을 진실히 믿고 복종하는 것과 그들과 모든 사람을 섬기는 너희의 후한 연보로 말미암아 하나님께 영광을 돌리고

¹⁴ 또 그들이 너희를 위하여 간구하며 하나님이 너희에게 주신 지극한 은혜로 말미암아 너희를 사모하느니라

♥ 본문 해설

계획을 세워서 기도하고, 부족하더라도 마음과 정성을 다해 준비된 구제 헌금(연보)을 드리게 되면 은혜가 넘치게 됩니다. 사람들은 헌금할수록 자기 소유가 점점 줄어든다고 생각합니다. 그러나 사도 바울은 헌금을 파종하는 씨에 비유하여 말합니다. 만약 농부가 값비싼 씨를 아끼고자 조금만 파종한다면, 가을에 많은 수확을 기대하기가 어려울 것입니다. 반대로 농부가 많은 씨를 아낌없이 넓은 땅에 뿌린다면, 가을에 더 많은 수확을 기대할 수 있을 것입니다.

♥ 하나님은 어떤 분입니까?

구제 헌금을 아무리 많이 한다 해도 자원하는 마음이 없다면, 하나님이 보실 때 적게 낸 것이고, 헌금이 아무리 적어도 온 마음을 다해 헌금했다면, 주님이 보실 때 많이 낸 것입니다(참조, 마가복음 12:41-44).

♥ 내게 주시는 교훈

모든 일에 중심을 보시는 하나님은 마음을 원하시므로(고린도후서 9:7), 각각 마음에 결정한 대로 기쁜 마음으로 해야 합니다. 구제 헌금을 남과 비교하거나 계산해서 인색하게 하거나 억지로 해서는 안 됩니다.

- 마음에 와닿은 구절

- 하나님이 주신 은혜

- 전심으로 기도해요

부유한 죽음은 수치라고 여긴 기업가, 앤드루 카네기

앤드루 카네기는 뛰어난 경영 감각으로 철강 산업 분야에서 혁명적인 변화를 이끌어 낸 미국의 기업가입니다. 이후 하나님이 주신 물질로 자선 사업을 하면서 강철왕에서 기부왕이 되었습니다. 전 재산의 90%를 아낌없이 사회에 환원한 앤드루 카네기 선생님의 이야기를 들어볼까요?

Q 안녕하세요. 선생님! 거대한 자산으로 유명하신데 어릴 때부터 부유하셨나요?

전혀 아닙니다. 저는 영국 스코틀랜드에서 태어났는데, 생계가 너무 어려워 부모님과 함께 미국으로 이민했어요. 어서 돈을 벌어서 가난에서 벗어나야겠다는 생각뿐이었지요. 섬유 공장에서 주급 1달러 20센트를 받고, 새벽부터 밤중까지 허드렛일을 했어요. 이후 전신국에 전보 배달원으로 마을 곳곳을 뛰어다녔는데, 시간 날 때마다 어깨너머로 전신 업무를 익혀 둔 덕분에 상사에게 인정받고 공식적으로 전보 기사가 됐어요.

Q 그러면 언제부터 사업을 시작하신 건가요?

철도 회사의 전보 기사가 되었을 때, 그곳에서 제 인생의 멘토인 토머스 스콧을 만나게 되었어요. 철도 업무뿐 아니라 투자하는 방법까지 조언을 아끼지 않으셨죠. 덕분에 20대에 철도 침대차 사업에 투자했는데, 결과가 성공적이었어요.

이후 제철, 증기선, 석유에도 투자했지요. 그때의 수익을 기반으로 30대에 본격적으로 철도 산업에 뛰어들었어요. 마침 남북전쟁이 일어나면서 군함, 대포, 포탄 등 무기 생산에 막대한 양의 철이 필요했고, 전쟁 후에는 제조업이 발달하면서 운반해야 할 물자가 폭증했지요. 감사하게도 사업이 계속 번창하여 1892년에 '카네기철강회사'를 설립했고, 기업합동을 통해 석탄, 철광석, 철도, 선박 등에 걸친 세계 최대의 철강 트러스트를 형성했어요. 이후 기업합병을 거쳐 미국 철강 시장의 65%를 지배할 수 있게 되었지요.

Q 자선 사업을 시작하신 계기는 무엇인가요?

부끄러운 이야기이지만, 한창 경영에 몰두할 때는 직원들에게 엄한 기업가였어요. 직원들의 실수를 용납해 주지 못하고, 화를 내곤 했죠. 그런데 홈스테드 철강소 파업 때 10명이 숨지고, 수백 명이 다치는 일을 겪으면서 저의 어리석음을 깨달았어요. 이후 노동자들을 동료로 생각하며 기부를 시작하게 되었지요. 무엇보다 일생

동안 마음에 간직했던 어머니의 유언을 실천하고 싶었어요. "너는 평생 주님의 창고를 부하게 하라. 그러면 네 창고가 항상 넘칠 것이다." 그래서 제 수입의 90%를 하나님께 드리고, 10%만 제 것으로 삼았어요.

Q 특별히 공공도서관 건립에 힘쓰신 이유가 있나요?

어릴 때부터 일하느라 학력은 초등학
교 졸업이 전부였어요. 그래서 틈틈이
책을 읽으며 지식을 넓혀 갔지요. 가
정 형편이 좋지 않아 책을 사기도 어려
워 동네 사설 도서관에서 빌려 보았어
요. 그때의 독서가 제 인생의 지적 바
탕이 되었죠. 당시 책을 빌려준 도서
관이 늘 고마워서 나중에 부자가 되면
꼭 도서관을 지어야겠다고 다짐했어
요. 그래서 지금까지 2천 500개가 넘
는 공공도서관을 건립했고, 그중에서 약 1천 700개는 미국에, 나머지는 영
국, 호주, 뉴질랜드 등 영어를 사용하는 나라에 세웠답니다.

Q 기부를 통해 또 어떤 일들을 이루셨나요?

제가 가장 많이 기부한 대
상은 교육 분야예요. 피츠
버그에 카네기멜런대학을
세웠고, 학문 연구 활동을
지원하는 카네기재단을 설
립했어요. 대학교수들의 노
후 준비를 돕기 위해 카네
기 교육진흥재단을 세우기
도 했지요. 그리고 문화예
술 분야에도 관심이 많아
카네기 박물관과 카네기홀을 짓고, 카네기 재단을 비롯한 여러 단체를 세웠
어요. 무엇보다 저의 최종적인 목표는 세계 평화입니다. 국제적인 충돌을

세상을 바꾸는 씨앗 청소년부 워크북

막기 위해 '카네기 국제평화기금'을 설립하여 제1차 세계대전이 벌어질 때까지 계속 도왔어요. 사람이 부자인 채로 죽는 것은 수치라고 생각해요. 그래서 평생 쌓은 부를 어려운 이들에게 나누어 주려고 노력했어요.

※ 본 내용은 앤드루 카네기(1835~1919)에 관한 자료를 바탕으로 가상 인터뷰 형식으로 쓰였습니다.
※ 사진 출처: ⓒwikipedia

| 주제 성구 | 그 주인이 이르되 잘하였도다 착하고 충성된 종아 네가 적은 일에 충성하였으매 내가 많은 것을 네게 맡기리니 네 주인의 즐거움에 참여할지어다 하고 (마태복음 25:21) |

주제 성구   그 주인이 이르되 잘하였도다 착하고 충성된 종아 네가 적은 일에 충성하였으매 내가 많은 것을 네게 맡기리니 네 주인의 즐거움에 참여할지어다 하고 (마태복음 25:21)

성경 본문   마태복음 25장 14-30절

학습 목표   • 재능 기부의 방법 및 경로를 탐색한다.
• 개인별 재능 기부의 실천 방안을 모색한다.

5과

또 다른
기부 방법이
있나요?

칭찬 가위바위보

Q 친구와 가위바위보를 한 뒤 진 사람이 이긴 사람의 장점이나 재능을 칭
찬해 주세요.

[나눔] '칭찬 가위바위보' 활동 후 다음 질문에 관한 내 생각을 적고 나눠 보세요

1. 친구들이 말해 준 칭찬 중에서 가장 마음에 드는 내용은 무엇인가요? 그 이유는?

_____

_____

2. 나만 알고 있는 숨은 나의 재능이나 강점이 있다면 무엇인가요?

_____

_____

3. 나의 단점이나 부족한 점이 있다면 무엇인가요?

_____

_____

4. 나의 단점이나 부족한 점을 역으로 장점으로 표현해 보세요.

_____

_____

<예> 나는 쓸데없이 생각만 많다. ⇨ 나는 진중하고 생각이 깊다.
　　 나는 행동도 느리고 재미없는 사람이다. ⇨ 나는 차분하고 여유가 있는 사람이다.

✚ 친구의 장점을 떠올리고 칭찬해 주는 시간을 가졌어요. 장점과 단점은 어떤 방향으로 해석하느냐에 따라 자신을 긍정적으로 보기도 하고 부정적으로 보기도 해요. 나의 단점을 장점으로 변화시켜서 주변 사람들에게 긍정적인 영향력, 선한 영향력을 펼쳐 보아요. 또한 주변 친구들을 긍정적인 방향으로 바라보길 바라요.

재능 Top3

Q 재능 기부는 물질이 없어도 직접 이웃을 도울 수 있는 또 하나의 방법이에요. 내가 가진 재능을 나눌 때, 놀라운 변화가 시작되어요. 배운 내용을 기억하며 한 주간 나의 것을 나누는 힘을 길러 보세요.

1. 다음 중 나에게 해당하는 부분에 동그라미를 표시해 보세요(중복 표시 가능).

어떤 운동도 한두 번 해 보면 잘할 수 있다.	운동 경기를 보면, 선수들의 장단점이 한눈에 들어온다.	몸의 균형을 잘 잡고 유연하다.	평소에 몸을 움직이며 활동하는 것을 좋아한다.
컴퓨터 조립이나 분해를 잘할 수 있다.	손으로 물건을 만들고, 그림 그리는 것을 좋아한다.	야채, 과일, 고기 등을 손질하고 요리하는 것을 좋아한다.	뜨개질이나 조각 등 섬세한 손놀림이 필요한 활동을 잘한다.
내 방을 꾸밀 때 어떻게 배치해야 할지 잘 알아낸다.	전개도를 보고 입체도형을 떠올린다.	자동차에 관심이 많아서 차종별 공통점과 차이점을 알고 있다.	어림짐작으로 길이나 넓이를 비교적 잘 알아맞힌다.
다른 사람의 연주나 노래를 들으면, 어떤 점이 부족한지 알 수 있다.	취미로 악기 연주나 음악 감상을 즐긴다.	처음 듣는 노래를 쉽게 익히고, 정확한 음정으로 부른다.	악보를 보면, 그 곡의 멜로디를 어느 정도 알 수 있다.
글을 조리 있고 설득력 있게 쓴다는 말을 자주 듣는다.	내 의견을 알기 쉽게 설명하고 설득한다.	다른 사람의 말에서 비논리적인 점을 잘 찾아낸다.	글이나 문서를 읽을 때, 문법적으로 어색한 문장을 잘 찾아낸다.

물건의 가격이나 은행 이자 등을 잘 계산한다.	어떤 일이든 실험하고 검증하는 것을 좋아한다.	과학, 수학 개념을 이해하고 실생활에 적용하려고 한다.	수학이나 과학 과목을 좋아한다.
나의 건강 상태나 기분, 컨디션을 정확히 파악한다.	나 자신을 되돌아보고, 앞으로의 생활을 계획하는 것을 좋아한다.	내가 원하는 것, 좋아하고 잘하는 것, 부족한 것을 안다.	내 생각이나 감정을 상황에 맞게 잘 통제하고 조절한다.
상대방의 기분을 잘 파악하고, 적절하게 대처한다.	다른 사람들로부터 다정다감하다는 소리를 자주 듣는다.	남보다 앞장서 행동하며 사람들을 이끈다.	친구 사이에서 발생하는 문제를 해결하는 절차와 방법을 잘 알고 있다.
환경 문제를 해결할 방법을 많이 알고 있다.	동물이나 식물에 관하여 많은 정보를 알고 있다.	환경오염에 민감하고 자연보호를 실천한다.	동물이나 식물을 좋아하고 잘 돌본다.
다이어리에 일정을 정리하는 등 규칙적인 생활을 하기 위해 노력한다.	큰일이든 작은 일이든 약속한 것은 지키려고 노력한다.	익숙한 문제를 해결하는 새로운 아이디어가 떠오른다.	친구나 가족들의 고민을 들어주거나 해결하는 것을 좋아한다.
다른 사람의 감정을 마치 내 감정처럼 느낄 수 있다.	어떤 상황에 있는지 똑같이 대해야 한다고 생각한다.	어떤 분야든 배우는 것을 좋아하고, 배우는 과정에서 재미를 느낀다.	어떤 일이든지 주춤하지 않고 행동으로 옮긴다.

_____

_____

2. 앞서 표시한 재능 중 TOP3를 정하고, 삶에서 어떻게 실천할 것인지 적어 보세요.

재능 TOP3	언제	어디서	어떻게

세상을 바꾸는 씨앗 청소년부 워크북

3. 한 주간 나의 재능 TOP3를 실천한 후 느낀 점을 기록해 보세요.

재능 TOP3	실천 후 느낀 점

묵상하기

또 다른 기부를 찾아서 마태복음 25장 14-30절

달란트를 맡기는 주인

¹⁴ 또 어떤 사람이 타국에 갈 때 그 종들을 불러 자기 소유를 맡김과 같으니

¹⁵ 각각 그 재능대로 한 사람에게는 금 다섯 달란트를, 한 사람에게는 두 달란트를, 한 사람에게는 한 달란트를 주고 떠났더니

¹⁶ 다섯 달란트 받은 자는 바로 가서 그것으로 장사하여 또 다섯 달란트를 남기고

¹⁷ 두 달란트 받은 자도 그같이 하여 또 두 달란트를 남겼으되

¹⁸ 한 달란트 받은 자는 가서 땅을 파고 그 주인의 돈을 감추어 두었더니

달란트를 결산하는 주인

¹⁹ 오랜 후에 그 종들의 주인이 돌아와 그들과 결산할새

²⁰ 다섯 달란트 받았던 자는 다섯 달란트를 더 가지고 와서 이르되 주인이여 내게 다섯 달란트를 주셨는데 보소서 내가 또 다섯 달란트를 남겼나이다

²¹ 그 주인이 이르되 잘하였도다 착하고 충성된 종아 네가 적은 일에 충성하였으매 내가 많은 것을 네게 맡기리니 네 주인의 즐거움에 참여할지어다 하고

²² 두 달란트 받았던 자도 와서 이르되 주인이여 내게 두 달란트를 주셨는데 보소서 내가 또 두 달란트를 남겼나이다

세상을 바꾸는 씨앗 청소년부 워크북

²³ 그 주인이 이르되 잘하였도다 착하고 충성된 종아 네가 적은 일에 충성하였으매 내가 많은 것을 네게 맡기리니 네 주인의 즐거움에 참여할지어다 하고

²⁴ 한 달란트 받았던 자는 와서 이르되 주인이여 당신은 굳은 사람이라 심지 않은 데서 거두고 헤치지 않은 데서 모으는 줄을 내가 알았으므로

²⁵ 두려워하여 나가서 당신의 달란트를 땅에 감추어 두었었나이다 보소서 당신의 것을 가지셨나이다

²⁶ 그 주인이 대답하여 이르되 악하고 게으른 종아 나는 심지 않은 데서 거두고 헤치지 않은 데서 모으는 줄로 네가 알았느냐

²⁷ 그러면 네가 마땅히 내 돈을 취리하는 자들에게나 맡겼다가 내가 돌아와서 내 원금과 이자를 받게 하였을 것이니라 하고

²⁸ 그에게서 그 한 달란트를 빼앗아 열 달란트 가진 자에게 주라

²⁹ 무릇 있는 자는 받아 풍족하게 되고 없는 자는 그 있는 것까지 빼앗기리라

³⁰ 이 무익한 종을 바깥 어두운 데로 내쫓으라 거기서 슬피 울며 이를 갈리라 하니라

🖤 본문 해설

주인이 종들을 불러 각기 재능대로 5달란트, 2달란트, 1달란트씩 맡깁니다. 1달란트는 지금으로 치면 평범한 직장인이 20년 동안 모아야 하는 큰돈입니다. 다섯 달란트를 받은 종과 두 달란트를 받은 종은 바로 나가서 무언가를 시작합니다. 하지만 한 달란트 받은 종은 그것을 그대로 묻혀 둡니다. 오랜 후에 주인이 와서 그들과 결산을 합니다. 다섯 달란트를 받은 종과 두 달란트를 받은 종이 열심히 일하여 이익을 남긴 것을 보고 주인이 크게 칭찬하며 즐거워합니다. 반면에 아무 일도 하지 않은 한 달란트 받은 종을 보고 악하고 게으르다면서 꾸짖습니다.

🖤 하나님은 어떤 분입니까?

하나님은 예수님이 다시 오실 때까지 우리에게 주어진 시간과 재능을 슬기롭게 사용하기를 원하시는 분입니다. 또한 하나님께 받은 것을 지혜롭게 관리하고 경영하여 다른 사람에게 베풀기를 바라십니다.

🖤 내게 주시는 교훈

나의 재능이나 시간이나 건강은 하나님이 맡겨 주신 달란트입니다. 나는 달란트를 적극적으로 활용하고 있나요? 한 달란트를 받은 종은 자기 주인이 엄격하기에 아무것도 하지 않는 것이 최선이라고 생각했지만, 이는 게으름을 그럴듯하게 포장한 것뿐입니다.

- 마음에 와닿은 구절

- 하나님이 주신 은혜

- 전심으로 기도해요

공으로 인종 차별의 벽을 깨부순 테니스 선수, 아서 애시

올림픽이나 월드컵 시즌이 시작되면, 세계적인 스포츠 스타들이 탄생하곤 합니다. 높아지는 인기와 더불어 그들의 언행이 사회에 큰 영향력을 끼치기도 하는데요. 메이저 테니스 대회에서 우승한 최초의 흑인 선수로서 인권을 위해 앞장섰던 미국의 테니스 선수, 아서 애시 선수의 이야기를 들어볼까요?

Q 안녕하세요. 선수님! 테니스를 시작하게 된 계기는 무엇인가요?

어릴 적에 아버지가 흑인 전용 놀이터인 브룩필드 공원의 경비원으로 일하셨는데, 그곳에 테니스 코트가 있었어요. 당시 최고의 흑인 테니스 선수로 꼽히던 론 채리티도 와서 훈련했죠. 라켓으로 공을 시원하게 치는 모습이 너무 멋있어서 항상 구경했어요. 그리고 혼자 구석에서 따라 하곤 했지요. 그런데 어느 날 그가 다가와 "너도 테니스를 하고 싶니?" 하고 물었어요. 그래서 당장 "네!"라고 대답했지요. 그렇게 해서 일곱 살 때부터 테니스를 시작했어요.

Q 뛰어난 실력을 갖추기 위해 어떻게 하셨나요?

저는 기초에 집중했어요. 학창 시절에는 매일 아침 500개의 공을 쳤어요. 지루해 보일 수도 있지만, 공을 정확하고 강하게 치기 위해서는 필수적인 연습이었죠. 대회에서 우승하기 위해서는 자신감이 필요해요. 그런데 이 자신감은 부단한 연습과 준비가 없으면 나오지 않거든요. 그 결과, 1968 년 US오픈 우승, 1975년 윔블던 우승, 1970년 프랑스 오픈과 호주 오픈 우승으로 흑인 남성 최초로 그랜드슬램을 달성할 수 있었어요.

Q 인권 운동에 나서게 된 특별한 이유가 있나요?

사실, 저는 경기에서 이기게 해 달라고 기도한 적이 없어요. 승리보다는 하나님의 뜻을 깨닫고 이를 이루는 것이 제 목표였어요. 테니스를 하며 흑인에 대한 차별 의식을 깨뜨리는 것이 제게는 더욱 중요했습니다. 그래서 인종 차별이 심각하던 남아프리카공화국에서 흑인과 백인 관중이 함께 시합을 관람하도록 주장했던 거예요. 당시 흑인에 대한 차별은 스포츠계에서 특히 심했거든요.

Q 건강 문제로 힘든 시간을 보내셨는데, 절망스러운 순간을 어떻게 이겨 내셨나요?

저는 심장 수술을 받다가 수혈로 에이즈에 걸렸어요. 그래서 사람들은 제가 당연히 하나님을 원망할 것이라 생각했지요. 하지만 아니에요. 생각해 보면, 전 세계적으로 500만 명의 어린이들이 테니스를 정식으로 배우고, 그중 50만 명이 직업 선수가 되죠. 또 거기서 5만 명이 리그전에 참여해 5천 명이 메이저 대회에 참가할 기회를 얻어요. 그중 50명이 윔블던 대회에 나갈 기회를 얻고, 딱 2명만이 결승전에 오릅니다. 제가 윔블던 우승컵을 들었을 때, 스스로 '왜 나지?'라고 묻지 않았어요. 마찬가지로 오늘 고통당한다고 해서 '왜 나야?'라고 물어서는 안 되는 것이죠. 고통 때문에 '왜 나야?'라고 묻는다면, 은혜에 대해서도 똑같이 물어봐야 하지 않을까요?

Q 재능을 찾고자 하는 청소년들에게 응원 한마디를 부탁드려요!

실력이 월등한 선수라면 대학교를 중퇴하고, 프로로 전향하는 것이 보편적인 행보예요. 그런데 저는 학업을 끝까지 마쳤어요. UCLA 졸업이 제 인생에서 가장 기뻤던 순간이기도 해요. 제가 좋아하는 일, 잘하는 일에 최대한 노력하고 싶었거든요. 재능은 사람마다 다 다르죠. 어떤 재능을 가졌든지 자기 삶을 후회 없이 살기 위해서는 '내가 가진 시간을 최대한 잘 활용하고 있는가?'라고 묻는 것이 중요해요.

세상을 바꾸는 씨앗 청소년부 워크북

시한부 인생을 살면서도 제 대답은 똑같았어요. 집에 앉아 죽음을 생각
하기보다는 불우한 이들을 위해 활동하는 게 낫다고 생각했죠. 제가 가
진 시간을 허비하고 싶지 않았어요. 그래서 마지막까지 제가 할 수 있는
일을 찾아 인권 혹은 에이즈 퇴치와 관련된 운동을 했고, 후회는 없어요.

※ 본 내용은 아서 애시(1943~1993)에 관한 자료를 바탕으로 가상 인터뷰 형식으로 쓰였습니다.
※ 사진 출처: ⓒwikipedia

주제 성구	임금이 대답하여 이르시되 내가 진실로 너희에게 이르노니 너희가 여기 내 형제 중에 지극히 작은 자 하나에게 한 것이 곧 내게 한 것이니라 하시고 (마태복음 25:40)
성경 본문	마태복음 25장 34-45절
학습 목표	• 자선이 일으키는 변화를 인식한다. • 자선의 지속적인 실천을 다짐한다.

자선은
언제까지
해야 하나요?

Wisdom

청소년 자선가 파송식

Q 파송식에서 '씨앗 약정서'를 작성하며 청소년 자선가로 어떻게 살아갈
것인지 다짐했어요. 파송식에서 작성한 '씨앗 약정서'를 붙여보세요.

풀칠

[나눔] 다음 질문에 관한 내 생각을 적고 나눠 보세요.

1. 《세상을 바꾸는 씨앗》을 공부하면서 가장 기억에 남는 것은 무엇인가요?

2. 선서 내용을 담아 나만의 데일리 자선 기도문을 작성해 보세요.

 하나님의 사랑을 받은 자로서 이웃 사랑을 실천한다!

 도움이 필요한 모든 이들이 나의 이웃이다!

 이웃의 입장을 배려하며 넉넉하게 겸손한 마음으로 돕는다!

 나의 물질을 기꺼이 나누며 어려운 이웃을 돕는다!

 나의 재능을 발휘해 어려운 이웃을 돕는다!

✚ 자선가 파송식을 진행하면서 어떤 다짐을 했나요? 우리의 얼굴과 성격이 모두 다르듯이 우리는 각자 고유한 재능의 씨앗을 가지고 있어요. 그 씨앗을 통해 맺는 꽃과 열매가 바로 이웃을 바라보는 변화된 태도와 성숙한 삶이에요. 앞으로 나의 씨앗을 어떻게 심고 키울지 하나님께 기도하면서 실천해 가요.

씨앗심기

자선 여행을 떠나요

Q 이 땅에 도움이 필요한 이들이 있는 한 자선은 끝나지 않습니다. 서로의
아픔을 긍휼히 여기고 도와주며 함께 살아가는 일을 지속해야 합니다.

1. 여행의 출발지는 하나님 사랑이에요.
   하나님만 사랑하면 될까요?

2. 자선 여행에서 돕고 싶은 이웃은 누구인가요?

3. 어떤 태도와 마음가짐으로 도울까요?

세상을 바꾸는 씨앗 청소년부 워크북

자; 이제 청소년 자선가로서 긴 여행을 떠나 볼까요? 자선 여행 중에 필요한 것은 무엇인지, 배운 내용을 떠올리며 적어 보세요.

6. 자선 여행은 끝날 때까지 끝난 게 아니에요. 다음 목적지는 어디인가요?

5. 이웃을 위해 발휘할 나의 가장 큰 재능은 무엇인가요?

4. 현재 가진 것을 얼마큼 나눠 줄까요?

끝날 때까지 끝난 게 아니다 마태복음 25장 34-45절

복을 받을 자들

34 그때에 임금이 그 오른편에 있는 자들에게 이르시되 내 아버지께 복 받을 자들이여 나아와 창세로부터 너희를 위하여 예비된 나라를 상속받으라

35 내가 주릴 때에 너희가 먹을 것을 주었고 목마를 때에 마시게 하였고 나그네 되었을 때에 영접하였고

36 헐벗었을 때에 옷을 입혔고 병들었을 때에 돌보았고 옥에 갇혔을 때에 와서 보았느니라

37 이에 의인들이 대답하여 이르되 주여 우리가 어느 때에 주께서 주리신 것을 보고 음식을 대접하였으며 목마르신 것을 보고 마시게 하였나이까

38 어느 때에 나그네 되신 것을 보고 영접하였으며 헐벗으신 것을 보고 옷 입혔나이까

39 어느 때에 병드신 것이나 옥에 갇히신 것을 보고 가서 뵈었나이까 하리니

40 임금이 대답하여 이르시되 내가 진실로 너희에게 이르노니 너희가 여기 내 형제 중에 지극히 작은 자 하나에게 한 것이 곧 내게 한 것이니라 하시고

저주를 받을 자들

41 또 왼편에 있는 자들에게 이르시되 저주를 받은 자들아 나를 떠나 마귀와 그 사자들을 위하여 예비된 영원한 불에 들어가라

⁴² 내가 주릴 때에 너희가 먹을 것을 주지 아니하였고 목마를 때에 마시게 하지 아니하였고

⁴³ 나그네 되었을 때에 영접하지 아니하였고 헐벗었을 때에 옷 입히지 아니하였고 병들었을 때와 옥에 갇혔을 때에 돌보지 아니하였느니라 하시니

⁴⁴ 그들도 대답하여 이르되 주여 우리가 어느 때에 주께서 주리신 것이나 목마르신 것이나 나그네 되신 것이나 헐벗으신 것이나 병드신 것이나 옥에 갇히신 것을 보고 공양하지 아니하더이까

⁴⁵ 이에 임금이 대답하여 이르시되 내가 진실로 너희에게 이르노니 이 지극히 작은 자 하나에게 하지 아니한 것이 곧 내게 하지 아니한 것이니라 하시리니

💛 본문 해설

예수님이 오른편에 있는 사람들이 자신을 도왔다고 말씀하시자 그들은 자신들이 언제 그런 일을 한 적이 있느냐고 되묻습니다. 예수님은 작은 자 하나에게 한 것이 곧 자신에게 한 일이라고 말씀하십니다. 그리고 왼편에 있는 사람들에게는 자신을 외면했으므로 영원한 불에 들어갈 것이라고 말씀하십니다. 그들이 자신들이 언제 그렇게 행했느냐고 묻자, 예수님은 어려움을 당한 이들을 보고도 돕지 않았다고 지적하십니다. 어려운 이웃을 보고도 지나치는 것은 예수님을 섬기지 않은 것과 같습니다.

💛 하나님은 어떤 분입니까?

예수님은 멀리 계시지 않습니다. 우리 주변의 도움이 필요한 이들과 함께하십니다. 내가 어려운 이웃에게 내민 작은 도움의 손길을 보며 예수님은 마치 자신이 대접받은 것처럼 기뻐하시고 칭찬하십니다.

💛 내게 주시는 교훈

이 땅에서 누리는 복과 고통은 영원한 나라에서 맞게 될 영생이나 영벌의 그림자에 불과합니다. 장차 얻을 영원한 기쁨과 즐거움을 더 크고 중요하게 여긴다면, 어려움을 겪는 사람들, 소외된 사람들 곁에 머물며 그들을 도와줄 수 있어야 합니다.

- 마음에 와닿은 구절

- 하나님이 주신 은혜

- 전심으로 기도해요

고통이 있는 곳에 적십자가 있다, 앙리 뒤낭

흰 바탕에 붉은 십자가가 새겨진 적십자 표시를 본 적이 있나요? 적십자는 모든 사람이 차별 없이 치료받고 건강하게 살아갈 수 있도록 돕는 국제기구입니다. "어느 편에도 가담하지 않고 정치, 인종, 종교, 이념과 상관없이 전쟁으로 인해 고통받는 사람들을 돕는다"라는 이념으로 적십자를 창시한 스위스의 앙리 뒤낭 선생님의 이야기를 들어볼까요?

Q 안녕하세요. 선생님! 어떻게 어려운 사람들에게 관심을 가지게 되셨나요?

저는 영원한 중립국으로 알려진 스위스의 제네바라는 풍요로운 도시에서 큰 어려움 없이 자랐어요. 부모님은 언제나 믿음에 따라 섬기고 나누는 삶이 더 중요하다고 가르쳐 주셨고, 그것을 늘 실천하시는 분들이었죠. 부모님은 주말마다 고아원에서 자원봉사를 하셨

는데, 그 덕에 저도 따라 봉사하면서 섬기는 기쁨을 자연스럽게 알게 되었어요. 그래서 주변의 가난한 사람들, 어려운 사람들을 할 수 있는 한 돕고 싶었죠.

Q 청소년기에는 YMCA(기독교청년회) 창설에도 이바지하셨다고 들었어요.

맞아요. 저는 어릴 적부터 환자와 가난한 사람들을 돕는 것에 관심이 많아서 친구들과 함께 빈민촌을 찾아가 봉사 활동을 하기도 했어요. 그러다가 1844년에 YMCA가 창설될 때 적극적으로 도왔죠. YMCA 운동을 계기로 도움이 필요한 전 세계 사람들에게 조금 더 관심을 가지고 다가갈 수 있었고, 고아원이나 양로원 등 봉사할 곳을 더 열심히 찾아다니게 되었지요.

Q 그런데 갑자기 은행을 그만두신 이유는 무엇인가요?

성인이 되어 은행에 입사하면서 아프리카 알제리로 가게 되었어요. 가서 보니 알제리 주민들이 프랑스의 식민 지배에 너무 길들여져 자기들 땅이 농사를 지을 수 있는 곳인지도 모른 채 프랑스에서 받는 소량의 식량으로만 생활하고 있었어요. 그래서 은행을 그만두고 그들의 빈곤 퇴치를 위한 '제분 사업'을 시작하게 되었죠. 사업을 통해 알제리 주민들에게 농사 짓는 법을 가르쳐서 그들 스스로 자급자족하며 먹고 살 수 있는 길을 만들어 줬어요.

Q 그렇다면 알제리에서 적십자 사업을 시작하신 건가요?

아니에요. 프랑스가 알제리로 통하는 수로를 막아 버려 큰 어려움을 겪게 되었어요. 프랑스를 찾아가 끈질기게 설득했지만, 통하지 않아 결국 나폴레옹 3세를 만나러 이탈리아로 가게 되었어요. 그곳에서 전쟁의 실상을 보게 되었죠. 하나님의 귀한 자녀들이 전쟁으로 인해 목숨을 잃고 죽어 가는 것을 보고는 가만히 있을 수 없었어요. 아군, 적군 관계없이 부상병들을 모두 병원으로 옮기기 시작했는데, 의료진이 턱없이 부족했죠. 이

때의 경험을 바탕으로 《솔페리노의 회상》이라는 책을 써서 국가를 초월하여 부상병들을 구호하는 조직이 필요하다는 것을 알리기 시작했죠. 이후 유럽 각국으로부터 큰 호응을 받아 1863년 국제적십자위원회가 만들어졌어요. 그리고 1864년 제네바에서 16개국 대표들이 모여 정치, 종교, 이념의 중립성을 유지하며 구호 활동을 할 수 있도록 '제네바 협약'을 맺을 수 있게 되었어요.

Q 이 공로를 인정받아 노벨평화상도 받으셨죠? 많은 사람을 돕기 위해서는 무엇이 필요할까요?

이 모든 일은 정말 하나님이 하셨어요. 저는 그저 하나님이 주신 평생의 사명이라 생각하며 전쟁의 참상을 부지런히 알리고, 구호 활동을 한 것밖에는 없습니다. 이후 전쟁이 끝난 뒤에도 적십자 정신이 이어져 가고 있는 것에 감사할 뿐이에요.

여러분도 돌아보면 주변에 도움이 필요한 사람들이 있다는 것을 알게 될 거예요. 그러나 선뜻 도움의 손길을 내밀기는 어렵죠. 하지만 그들을 향한 하나님의 마음을 깨닫는다면 가만히 있을 수가 없어요. 여러분에게도 하나님의 마음이 가득하길 기도합니다.

※ 본 내용은 앙리 뒤낭(1828~1910)에 관한 자료를 바탕으로 가상 인터뷰 형식으로 쓰였습니다.
※ 사진 출처: ⓒwikipedia

자선 단체 리스트

※ 해당 리스트는 KCOC, 한국자선단체협의회, 한국가이드스타에서 발췌한 자선 단체 목록
  이며, 이는 많은 자선 단체 중 일부입니다(가나다순).

No	단체명	홈페이지 주소	사업 분야
1	국경없는의사회	https://msf.or.kr/	국제구호·개발, 의료보건
2	굿네이버스	http://www.goodneighbors.kr	교육·장학, 사회복지, 국제구호·개발, 의료보건
3	굿피플	https://www.goodpeople.or.kr/	교육·장학, 사회복지, 국제구호·개발, 의료보건
4	그린피스	https://www.greenpeace.org/korea/	환경, 국제구호·개발
5	글로벌케어	http://www.globalcare.or.kr/	교육·장학, 국제구호·개발, 의료보건
6	기아대책기구	http://www.kfhi.or.kr/	교육·장학, 사회복지, 국제구호·개발, 의료보건
7	다음세대재단	http://www.daumfoundation.org/	교육·장학, 비영리지원
8	다일공동체	http://dail.org/	교육·장학, 사회복지, 국제구호·개발, 의료보건
9	대한사회복지회	https://www.sws.or.kr/	교육·장학, 사회복지
10	대한적십자사	https://redcross.or.kr/main/main.do	재난구호, 공공의료, 남북교류, 혈액
11	동방사회복지회	https://www.eastern.or.kr/	교육·장학, 사회복지, 의료보건, 기타
12	러빙핸즈	http://www.lovinghands.or.kr/	교육·장학, 사회복지, 국제구호·개발
13	밀알복지재단	http://www.miral.org/main/main.asp	사회복지, 문화·예술, 국제구호·개발
14	부스러기사랑나눔회	http://www.busrugy.or.kr/	교육·장학, 사회복지, 국제구호·개발
15	비전케어	http://www.vcs2020.org/	의료보건, 기타
16	사랑의장기기증운동본부	https://www.donor.or.kr/home/index.asp	의료보건, 기타
17	사회복지공동모금회	https://chest.or.kr/base.do	사회복지, 의료보건, 긴급구호, 모금배분
18	세이브더칠드런	https://www.sc.or.kr/	교육·장학, 사회복지, 국제구호·개발, 의료보건
19	아름다운가게	http://www.beautifulstore.org/	문화·예술, 스포츠, 학자금·장학금지원, 병원경영, 의료보건, 사회복지
20	아산나눔재단	https://asan-nanum.org/	사회복지, 기타
21	아이들과미래재단	http://www.kidsfuture.or.kr/	교육·장학, 국제구호·개발, 의료보건
22	아프리카미래재단	https://africaff.modoo.at/	국제구호·개발, 의료보건
23	엔젤스헤이븐 (은평천사원)	http://www.angelshaven.or.kr	교육·장학, 사회복지, 국제구호·개발, 의료보건
24	열매나눔인터내셔널	http://www.myi.or.kr/	교육·장학, 사회복지, 국제구호·개발, 의료보건
25	옥스팜코리아	http://www.oxfam.or.kr/	교육·장학, 국제구호·개발
26	월드비전	https://www.worldvision.or.kr/	교육·장학, 사회복지, 문화·예술, 국제구호·개발, 의료보건

27	월드휴먼브리지	http://www.whb.or.kr/	교육·장학, 국제구호·개발, 의료보건
28	유니세프 한국위원회	https://www.unicef.or.kr	교육·장학, 문화·예술, 국제구호·개발, 의료보건, 기타
29	유엔난민기구	https://www.unhcr.or.kr/unhcr/main/index.jsp	난민보호, 국제구호·개발, 의료보건
30	이랜드복지재단	https://www.elandcsr.or.kr/	사회복지, 교육·장학, 국제구호·개발
31	지파운데이션	https://gfound.org/	교육·장학, 국제구호·개발, 의료보건
32	초록우산어린이재단	https://www.childfund.or.kr/main.do	교육·장학, 사회복지, 국제구호·개발, 의료보건
33	컨선월드와이드	https://concern.or.kr/	국제구호·개발, 의료보건
34	코피온	http://www.copion.or.kr/	교육·장학, 국제구호·개발, 의료보건, 기타
35	태화복지재단	https://taiwhafound.org/main	사회복지, 교육·장학, 국제구호·개발
36	팀앤팀	http://www.teamandteam.org/	식수 및 보건위생(WASH), 난민지원, 긴급구호
37	플랜코리아	https://www.plankorea.or.kr/	교육·장학, 국제구호·개발, 의료보건
38	하나를 위한 음악재단	http://music4one.org/	문화·예술, 기타
39	하트-하트재단	http://www.heart-heart.org/	교육·장학, 사회복지, 문화·예술, 국제구호·개발, 의료보건
40	한국백혈병소아암협회	http://www.soaam.or.kr/	사회복지, 의료보건
41	한국실명예방재단	http://www.kfpb.org/	사회복지, 의료보건
42	한국아동청소년그룹홈협의회	http://www.grouphome.kr/pages/page_1.php	아동그룹홈지원사업, 아동그룹홈 관련 정책/연구사업, 국내외협력사업
43	한국장애인재단	http://www.herbnanum.org/	사회복지
44	한국컴패션	https://www.compassion.or.kr/	교육·장학, 국제구호·개발, 의료보건, 기타
45	한국펄벅재단	http://www.pearlsbuck.or.kr	사회복지, 교육·장학, 의료·보건, 기타
46	한국해비타트	http://www.habitat.or.kr/	사회복지, 국제구호·개발, 기타
47	한림화상재단	http://www.hallymburnfund.org/	사회복지, 의료보건
48	함께 걷는 아이들	https://www.withu.or.kr	사회복지
49	홀트아동복지회	https://www.holt.or.kr/	교육·장학, 사회복지, 국제구호·개발, 의료보건
50	희망브리지 전국재해구호협회	https://www.relief.or.kr/	재해재난구호

출처

KCOC(국제개발협력민간협의회) http://www.ngokcoc.or.kr/theme/ngokcoc/03/member00.php

한국자선단체협의회 http://www.charitykorea.kr/npokorea/lay1/S50T51C85/contents.do

재단법인 한국가이드스타 http://www.guidestar.or.kr/web/main

세상을
바꾸는 씨앗

세상을 바꾸는 씨앗